企业财务管理信息化研究

黄延霞　田梦云　吴子坤◎著

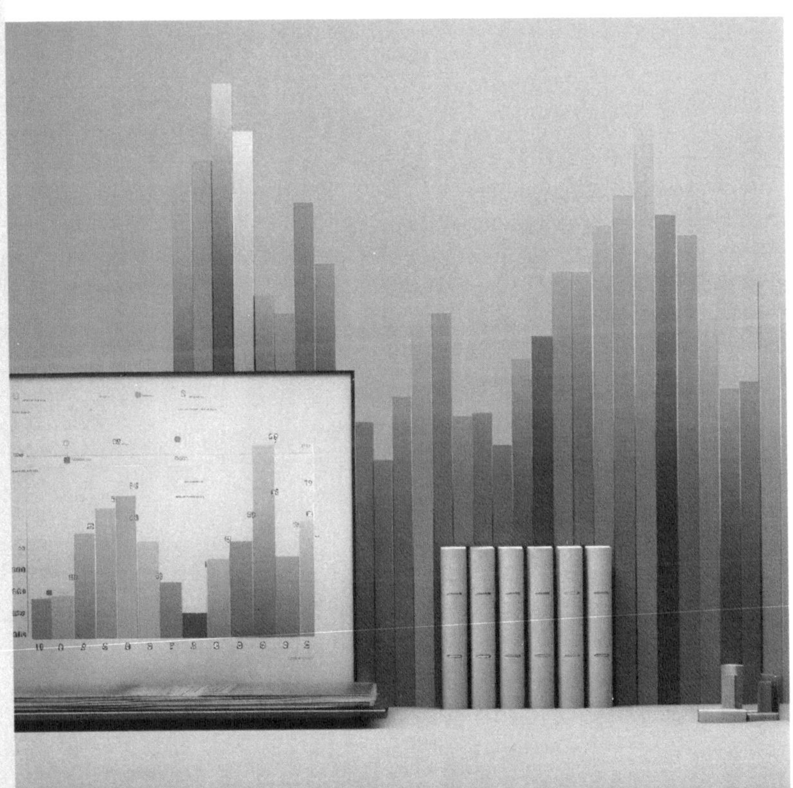

中国商业出版社

图书在版编目（CIP）数据

企业财务管理信息化研究 / 黄延霞，田梦云，吴子坤著. -- 北京 ：中国商业出版社，2024.6. -- ISBN 978-7-5208-2991-5

Ⅰ. F275-39

中国国家版本馆 CIP 数据核字第 2024FC7319 号

责任编辑：葛　伟

中国商业出版社出版发行

（www.zgsycb.com　100053　北京广安门内报国寺 1 号）

总编室：010-63180647　编辑室：010-83128926

发行部：010-83120835/8286

新华书店经销

河北领秀数字印刷有限公司印刷

*

787 毫米 ×1092 毫米　16 开　11.5 印张　210 千字

2024 年 6 月第 1 版　2024 年 6 月第 1 次印刷

定价：59.00元

前　言

历经几十年的发展，企业管理由经验化管理逐渐转变为精确化管理，这离不开企业财务管理的发展。传统的企业财务管理侧重于会计核算，通过报告企业盈利能力、财务状况等信息满足企业外部利益集团的需求。在现代经济环境下，企业财务管理侧重于企业内部规划、控制与评价，为企业经营管理与资源优化配置提供必要的信息。在企业日常的经营管理中，企业财务管理扮演着越来越重要的角色。

信息时代的到来对企业财务管理而言是一场洗礼，从手工记账到会计电算化，从集中式会计核算到业务财务一体化，正是信息时代背景下企业财务管理向精确化转变的表现，同时企业财务管理的精确化转变也引领了其他领域的精确化转变。

尽管会计电算化和业务财务一体化极大地提高了企业财务管理的效率，但它仅提高了会计记账的及时性与准确性，并没有完全发挥企业财务管理对企业经营的预测、规划与控制作用。同时，企业财务管理仍然存在一些无法解决的问题。企业财务管理信息化无疑是解决这些问题的一剂良药。可以预见，企业财务管理信息化将会成为企业管理中一个既重要又独特的领域，并会得到企业管理层越来越多的重视。

鉴于此，笔者撰写了《企业财务管理信息化研究》一书。本书共分为六章。第一章是企业财务管理信息化的时代背景；第二章是企业财务管理信息系统设计；第三章是会计管理信息化；第四章是企业成本、固定资产、全面预算管理信息化；第五章是企业财务管理信息化创新之财务共享；第六章是企业财务管理信息化创新实践。

本书由重庆对外经贸学院的黄延霞、石家庄职工大学的田梦云和冀中能源股份有限公司的吴子坤共同撰写完成。笔者在撰写本书的过程中，参考、借鉴了大量相关著作与理论研究成果，在此向这些著作与理论研究成果的作者表示感谢。由于笔者精力有限，加之时间仓促，书中难免存在疏漏与不足之处，望各位专家、学者与广大读者批评指正，以使本书更加完善。

黄延霞

2024年1月

目 录

第一章　企业财务管理信息化的时代背景

第一节　企业财务管理信息化是信息时代的趋势

一、信息时代企业财务管理变革的背景

信息技术的发展推动了信息时代的到来，使企业竞争面临着前所未有的挑战，从传统的区域竞争扩展到全球化竞争，不再受到地理区域的限制。这种竞争方式促使信息化成为企业的核心竞争力，使企业能够将日常管理与信息技术相结合，经历从物资需求计划（Material Requirement Planning，MRP）、制造资源计划（Manufacture Resource Plan，MRP Ⅱ）到企业资源计划（Enterprise Resource Planning，ERP）的管理信息化变革。这样的管理使企业财务管理转型变得尤为迫切，财务共享模式应运而生。

（一）全球化时代的企业竞争

自20世纪中叶以来，信息技术逐渐成为促进经济发展和社会进步的主导技术，信息产业逐渐成为社会发展的主导产业，特别是互联网、电子商务的迅猛发展和广泛应用，使人类进入了以互联网为重要特征的信息时代。网络技术强烈地影响着人类社会的时空概念，使企业竞争环境发生巨大改变，企业面临着前所未有的挑战。

1. 从大规模生产到个性化生产

在传统工业时代，大众市场比较繁荣，企业强调集中内部资源，扩大生产规模来降低生产成本、满足市场需求。在信息时代，消费者更加挑剔，对产品的要求也越来越趋于个性化和多样化，并且由于需求变化频率加快，产品的寿命周期也越来越短。因此，企业要能够快速对不断变化的市场作出反应，并以最快的速度生产出满足用户需求的、定制的个性化产品，赢得竞争优势。

2. 从产品为中心到客户为中心

在传统工业时代，企业关注如何扩大生产规模、提高生产效率、降低生产成本以生产出更多的产品，企业之间的竞争完全是产品的竞争。现在，企业关注的是如何以更短的时间适应用户多元化的需求，如何在提高个性化服务水平的同时降低成本。因为，赢得客户信赖是企业保持竞争力长盛不衰的重要因素之一。赢得客户不仅靠具有吸引力的产品，而且靠信息技术的支持。实现实时、动态、全面地收集老客户、新客户以及未来客户的信息，分析客户的需求、对产品的意见以及销售流向等，就能够以最快、最好的服务赢得客户和市场。

3. 从传统的人、财、物竞争到信息竞争

在传统的工业时代，企业竞争力主要依赖于人、财、物。然而，在信息社会，信息的瞬息万变和通信技术的高速发展使信息量和信息传播速度成百倍地增长，这一现象也被称为“信息爆炸”。“信息爆炸”使一项新技术或产品在出现后可以在短时间内传遍全球，并引发一系列连锁反应。由此引发的相关技术和产品的生命周期越来越短，因此只有那些最快集中优势人才、率先采用信息技术和先进的管理方法、最快推出使客户满意的产品和服务的企业才能赢得竞争优势。这也说明了信息和知识已成为当今社会企业提高竞争力的关键，成为企业的一项重要战略资源。一个企业将来能否实现持续发展将取决于是否具备最大限度、最快速度地获取知识和利用知识的能力。

4. 从单个企业竞争到供应链竞争

网络技术的应用不仅可以改善供应链中各个部分间的沟通，提高供应链的效率，更重要的是将会改变供应链的结构，将为现有零售、分销及服务方式带来极大的改变。因此，企业与企业之间的竞争将演变成企业供应链与另一个企业供应链之间的竞争，企业管理的范围不仅包括自身的资源，还要延伸到供应商、销售商、服务商和客户。

5. 从区域竞争到全球化竞争

20世纪70年代以前，企业一般都是只在自己的国家、地区甚至城市内开展业务，而不必去考虑来自城市之外、地区之外甚至国家之外的竞争者的威胁。随着信息技术特别是互联网技术的应用和发展，广阔的世界变成了“地球村”。另外，随着国际贸易障碍的不断消除，全球一体化的经济体系逐渐形成。因此，企业的经营将受到国际市场变化的影响，竞争已不再受地理区域的限制，每个企业都可以与世界上任何一个同行竞争，而不管对手在地理上处于什么位置。与此同时，消费者获取信息的途径也越来越多，他们可以在任何地方以最低的价格买到最好的产品，而不管这个产品是在何处生产的或者是在何处销售的。因此，随着世界经济的全球化，企业面临的竞争者和顾客的范围越来越广泛。

6. 从规模取胜到速度取胜

在传统工业时代，企业依靠“大鱼吃小鱼”“规模经营”来保持在市场竞争中的优势。然而，在信息时代，技术进步越来越快，使产品更新换代的速度加快，单纯依靠规模已无法长期保持优势，而那些能够快速收集信息、利用信息不断改进产品和服务、提高自身管理水平的企业将取得竞争的优势。不能很好利用信息技术改造自身、反应迟钝的企业将面临淘汰。

（二）企业管理信息化历程与挑战

当繁杂的人工操作被计算机取代，企业管理者从中看到了新的增长点。企业内部的各种单据、票证不复存在，取而代之的是电子化的输入和输出，这极大地提高了企业运营的效率，同时也加快了信息化时代的到来。信息化的概念起源于20世纪60年代的日本，从广义上来说，凡是运用计算机、网络通信和数据库等技术来辅助或支持的管理工作，都属于信息化的范畴。在1997年召开的我国首届全国信息化工作会议上，将信息化定义为“培育、发展以智能化工具为代表的新的生产力并使之造福于社会的历史过程”。企业的运行从本质来看是促进企业的人流、物流、资金流和信息流的合理流动。从这种流动的观点来看，信息在企业中发挥着越来越重要的作用，而企业信息化就是指将企业内和企业之间的业务过程数字化，通过信息系统生成信息资源，及时地为企业的战术层、战略层和决策层提供信息，以便作出快速响应。

面对信息时代和经济全球化的挑战，西方发达国家率先走上了企业管理信息化的道路。将信息技术与企业管理相结合，根据信息技术的特点和企业管理的实际需求，在管理理论的指导下，改变传统企业管理方式，打破旧的企业管理框架，形成适应信息环境的先进管理思想，将信息技术与先进管理思想有机融合，实现企业管理信息化，有利于促进企业管理水平的提高，最终提高企业的竞争力。企业管理信息化的发展经历了以下几个阶段。

1.MRP

20世纪六七十年代，西方企业竞争的特点是如何有效地降低生产成本，制造业面临的主要矛盾表现为生产所需的原材料不能准时供应、零部件的生产不配套、库存积压严重、周转周期长、使用效率低。为了解决这个问题，企业将信息技术与生产和库存控制方面的研究成果相结合，建立了MRP。MRP就是一种计算物料需求量和需求时间的系统。这里所称的物料，泛指原材料、在制品、外购件以及产品。MRP以产品结构为基础，运用网络计划原理，根据产品结构各层次物料的从属和数量关系，以每个物料为计划对象，以完工日期为时间基准倒排计划，按提前期长短区别各个物料下达计划时间的先后顺序。

MRP是以计算机为基础的生产与管理控制系统，它根据主生产计划，结合物料清单和库存数据计算物料的需求，达到优化库存的目的。其中物料清单是MRP的核心文件，反映了产品的物料分解与结构。MRP体现了规范化管理、需求与供应平衡和优先级计划等管理思想。MRP不仅说明了供需之间的品种和数量关系，而且说明了供需之间的时间关系。它是MRPⅡ发展的初级阶段，也是MRPⅡ的基本核心。

2.MRP Ⅱ

20世纪80年代出现了既考虑物料又考虑资源的MRPⅡ。它不仅涉及物料，而且涉及生产能力和一切制造资源，是一种广泛的资源协调系统，代表了一种新的生产管理思想和新的组织生产的方式。MRPⅡ的基本思想是把企业作为一个有机的整体，从整体最优的角度出发，通过应用科学方法对企业各种制造资源和产、供、销、财各个环节进行有效的计划、组织和控制，使它们得以协调发展并充分发挥作用。因此在信息技术的支持下，MRPⅡ在物料需求计划的基础上，集成了财务和制造系统，将财务的功能囊括进来，增加了成本会计和财务会计的功能，并由业务活动直接产生财务数据，把实物形态的物料流动直接转换为价值形态的资金流动，保证业务和财务数据相一致，从而在企业中形成了以计算机为核心的闭环管理系统，将企业的产、供、销等核心职能有机地结合起来。

MRPⅡ与MRP相比，主要增加了管理会计的应用，从而有效地解决了财务与业务流程脱节的管理问题，更好地体现了管理思想与信息化手段的融合，是企业管理信息化发展的一个重要阶段。

3.ERP

ERP作为MRPⅡ理念的下一代发展，最早是由美国著名的计算机技术咨询和评估集团高德纳提出的一整套企业管理系统体系标准。ERP的基本思想是任何一个企业都必须依赖上游和下游等合作伙伴的支持，信息集成的范围应扩展到企业所在的整个供应链。伴随着信息技术和网络技术的迅猛发展，ERP实现了对整个供应链资源进行管理，支持了更多功能的集成。

ERP出现在20世纪90年代，是将企业所有资源进行整合集成管理，简单地说就是对企业的三大流——物流、资金流、信息流进行全面一体化管理的信息系统。典型的生产企业的ERP功能模块包括财务管理、生产管理、物流管理和人力资源管理。

20世纪90年代后期，随着互联网技术、电子商务、计算机技术的成熟，ERP又整合了供应链管理和客户关系管理，进一步把ERP的范围向上游供应商和下游客户拓展。供应链管理是在充分利用网络和电子商务优势的基础上，把供应链看作一个完整的运作过程对其进行集成化管理，使分布在不同地区的供应链合作伙伴实现生产过程的共同协作。

此外，ERP还利用精益生产、敏捷制造等先进的管理思想实现了对混合型生产方式的管理。ERP能够帮助企业实现全面的信息化管理，是当前企业进行信息化建设的必由之路。

尽管企业管理信息化对企业有着极为重要的意义，但在信息化的具体实施过程中，企业却面临一定的挑战。在国内企业管理信息化发展的20多年中，特别是在初始阶段，我们看到过不少失败案例。虽然它们有各自的失败原因，但究其根源，主要可以归结为以下几点。

一是系统与业务不能融合。信息化的实施帮助企业重新设计了业务流程，而当系统上线后发现流程脱离了业务实践，难以满足用户需求。这往往是由于没有准确把握企业的需求及核心价值诉求。

二是信息孤岛。信息孤岛是相互之间在功能上不关联互助、信息不共享互换以及信息与业务流程和应用相互脱节的计算机应用系统。这是由于企业管理信息化是一个逐步实施、循序渐进的过程，在进行信息化建设时没有考虑到数据交换、统一的问题，导致这些系统不能很好集成。信息孤岛为企业的信息交换、沟通带来了很大的困难，同时对未来企业管理信息化的进一步深入造成了影响。

三是重复建设。在企业管理信息化的实践中，有些企业由于从一开始就没有准确把握企业的信息化战略或者缺乏相关的信息化人才指导，建成的信息系统不能很好地为企业提高业绩，进而盲目地重复建设系统。这造成了资源的浪费，增加了维护成本，并且两套重复的并行系统为业务流程的管理带来了困扰。

因此，企业管理信息化所面临最大的挑战其实是真正了解企业到底需要什么，构建一个整体的IT架构，而不仅仅是依赖于单一的技术基础。只有从需求出发，才能挖掘出企业的核心价值诉求，从而进一步地制定合理的信息化实施方案。

二、信息时代企业财务管理存在的问题

（一）企业财务管理理念落后

结合我国现阶段企业财务管理工作的基本状况来看，其表现出来的问题和缺陷虽然有很多，但是归根结底还是财务管理理念明显落后。这种企业财务管理理念的落后具体表现在以下两个方面：第一，在企业财务管理工作中，管理人员过度关注企业利益的最大化，很容易忽视一些有价值的内容和信息，有可能会导致企业财务管理中出现一些较大的方向性问题和损失；第二，在具体的企业财务管理中，管理人员对管理对象存在一定的偏见，对有形资产过于关注，而忽视了无形资产，进而不利于企业财务管理水平的提高，容易影响和制约企业的健康可持续发展。

（二）企业财务管理的共享性不足

基于企业财务管理的现状，企业财务管理在共享性方面同样也存在着一些问题和缺陷，这些问题主要表现为企业财务管理的共享性不是特别充足。很多企业内部的财务管理存在着较为突出的独立性，这种独立性主要表现在以下两个方面：第一，从企业内部来看，财务部门可以说是独立于其他各个部门而存在的，和其他部门的交流不够充分，很多时候明显欠缺交流，很难保障企业财务管理在管理过程中得到其他部门的支持和辅助，进而影响了企业财务管理工作的有效开展；第二，从企业外部来看，企业财务部门也不能够和外界相关部

门以及企业产生有效的交流和互动，在信息传递以及数据的共享上存在着明显的问题，最终同样会影响到企业自身财务管理工作的开展，甚至会造成一些较大的缺陷和隐患。

（三）企业财务管理风险意识不足

对于当前企业财务管理工作来说，风险管理是比较核心的一个目标和任务，但是其很容易受到忽视。很多企业在实际的财务管理操作中意识不到风险管理和控制的重要性，很难投入较为充沛的精力对财务中存在的风险进行分析和管理，最终造成企业的经济损失。随着信息时代的来临，企业财务管理工作面临的风险越来越多，各个问题也表现得越来越复杂，也就更加需要充分的分析和管控。从具体的数据来看，当前企业财务管理中获得的数据资源越来越多，相应的风险因素和问题也就越来越多，这都需要引起企业财务管理人员的足够重视。以往的重视程度难以满足当前的实际需求，这也是当前企业财务管理中各类问题频发的一个重要原因。

（四）企业财务管理人员素质不足

信息时代的不断发展，对企业财务管理人员也提出了更高的要求，相关人员必须重点对各类现代化的技术手段以及先进的管理理念有较为充足的认识和掌握，才能够适应企业财务管理的发展。但是，从当前企业财务管理人员的基本状况来看，很多企业财务管理人员并不具备这些方面的素质和能力，很难表现出较好的工作效能。管理理念的落后以及管理人员素质的不足都严重制约着企业财务管理的发展，这也是今后企业财务管理工作创新发展的一个重要着力点。

三、信息时代对企业财务管理的影响

（一）促进企业财务管理信息的挖掘

随着全球经济一体化趋势的日益加快，企业面临的内外部环境发生了较大的变化，相应的企业财务管理信息也随之更新，因此需要企业能够通过快速响应与技术创新来获得内外部的财务管理信息情报，从而构筑一个更具竞争力的战略决策体系。在信息时代以前，企业获得财务管理信息的途径主要是财务会计报表数据；而在信息时代背景下，企业除了通过传统的财务报表外，还可以利用信息技术，从业务数据、客户数据等方面挖掘更多的财务管理信息。以计算为核心的信息处理平台可以为企业提供一个更为有效的数据管理工具，提高企业财务管理的水平。

（二）加大财务管理信息对企业决策的支持力度

在信息时代背景下，企业能够获得多维度的海量数据信息，在原来的工作模式中，企业可能无法应对如此繁杂的数据，但在信息时代，企业可以建立一个信息预测分析系统，让企业从原先那种繁杂的数据监测与识别工作中解脱出来，为企业赢取更多的时间来进行决策与分析。例如，企业可以借助客户信息分析体系，分析购买企业产品客户的收入水平和消费习惯，从而有针对性地开发产品，提高企业产品销售的效率。

（三）提升财务管理信息的准确度

在信息时代到来以前，财务报告的编制以确认、计量、记录为基础，然而由于技术手段的缺失，财务数据和相关业务数据作为企业的一项重要资源，其价值并没有受到应有的重视。由于技术限制，有些企业决策相关数据并未得到及时、充分的收集，或者由于数据分类标准差异，数据整合利用难度大、效率低，因此相关财务管理信息不准确、不精准，大量财务管理数据在生成财务报表之后便处于休眠状态，从而丧失了价值。但是，在信息时代，由于技术的发展，企业高效率的处理使整合海量数据成为可能，而且由于信息技术具有的规范化、标准化特点，大量财务管理数据的准确度得以提升。

（四）促进企业财务管理人员角色的转变

从企业财务管理的角度分析，信息为财务管理人员从记账复核和简单的报表分析人员向高层管理会计转型提供了机遇。此前，财务人员只能通过对报表数据的分析为管理者提供决策依据。随着市场竞争的加剧，基于财务报表的数据分析为管理者提供的信息越来越有限，管理者越来越不满足于纯粹的报表信息。但是，在信息时代，企业财务管理人员面对的是不同维度的海量财务数据，而且数据之间的因果关系链更完整。同时，信息技术能够帮助财务人员破解传统技术分析难以应对的数据分析难题。透过那些看似普通的数据，财务管理人员可以在数据分析过程中更全面地了解企业的现状及问题，更及时地评价企业的财务状况和经营成果，从而揭示经营活动中存在的矛盾和问题，为改善经营管理提供明确的方向和线索。

四、信息时代企业财务管理创新发展方向

（一）培育企业决策层的信息管理意识

在信息时代，企业的财务管理离不开决策层的支持，但传统的数据分析对于企业决策层来说驾轻就熟，依赖笼统的数据作出决策并取得成功的经验俯拾皆是。同时，成本高昂的信息处理工具所带来的企业效益的提升可能难以准确量化，这些因素可能会造成企业决策层对信息管理的迟疑甚至排斥。但是，企业管埋层必须意识到，当今的市场竞争越发激烈，以信息管理为特征的时代已经来临，如果企业不能意识到这种变化，不能从信息中迅速识别风险和发掘商机，在未来的行业竞争中将不可避免地被逐渐击败。企业管理意识更新的最大推动力来自决策层的决心，只有培育企业决策层的信息管理意识，并加强组织领导工作，才能从根本上增强企业的信息意识。

（二）转变企业财务管理职能

在信息时代，数据信息量庞大而复杂，但当代信息技术的发展为数据展示提供了条件，也为创新财务管理中数据信息的呈现方式提供了新的方向。对此，企业财务管理人员需要转变管理思路，推动财务管理职能的适当转型。长期以来，企业财务管理的职能主要定位于财务会计功能，通过确认、计量、记录、报告程序，努力为相关者提供决策所需的财务信息。管理会计虽然不断被提及，但是在企业管理中的实际应用范围较窄、层次较低，目前仍处于探索推进阶段。信息时代下的企业财务管理工作将以信息为基础，在企业内部行使全面预算管理、资金集中管理与内部控制等管理会计职责，从而让企业财务管理工作能够高效且顺畅地进行下去。因此，在信息时代，亟须将管理会计提升到与财务会计同等重要的地位，甚至应当真正实现财务管理职能从财务会计向管理会计的拓展延伸。

（三）提高财务管理信息化建设水平

提高财务管理信息化建设水平是做好信息时代企业财务管理的重要方面。首先，需要建立财务管理信息化制度，完善企业的网络信息环境，建立统一的财务管理制度，使各项数据、信息在制度上、流程上、收集方式上进一步实现统一，从而提升企业财务报告合并的工作效率与质量，提升各项财务信息、会计数据的透明度和公开度。其次，要做好与企业其他有用信息的互通互联，尤其是要解决业务信息、客户信息与财务信息的高度集成及依托精确的信息处

理平台进行分析和决策的问题。企业通常可以考虑在内部设置一个财务信息平台，将企业的财务发展和战略决策全部纳入信息平台中，以便为企业管理层提供及时可靠的信息。

（四）促进财务分析由事后反映向事中控制转型

竞争环境的加剧要求传统成本管理转向以顾客为导向、着眼于竞争优势的战略成本管理，从注重成本核算向注重成本控制转变，从制造成本管理向产品全成本管理转变。从管理会计发展的趋势来看，作业成本法以其对成本的精确计算和对资源的充分利用引起了人们的极大兴趣，但其复杂的操作使很多管理者望而却步。在信息时代背景下，利用信息技术能够确定成本动因，准确计算成本，实现从基于结果的分析向基于过程的挖掘的转变。财务管理人员不再局限于事后反映、分析和监督，可以及时采集与生产制造成本相关的各种类型数据，通过成本控制系统，准确汇集分配成本，分析生产费用构成的因素，对不同产品的利润贡献差异进行全方位比较，实现在线过程控制与业务活动绩效评价。

（五）建设信息财务人才队伍

信息时代改变了企业的发展模式，要求财务管理人员超越财务思维，从业务的角度思考财务问题，财务管理人员不再仅仅负责核算反映、财务监督等财务工作，更重要的是具备超越财务的战略全局观、组织流程规划设计能力、分析业务理解洞察能力以及信息技术系统构架与建设的能力，这些都对财务管理人员提出了更高的要求。但时，目前大部分企业并没有相应的人才储备，也无法在数据分析模型上投入足够的人力资源。在信息时代，提高企业信息管理意识和财务信息化水平只是其中的两个重要方面，更为重要的是在执行层面要建设信息财务人才队伍，只有这样企业才能真正利用信息技术集中存储和分配财务资源，进而作出最优的财务决策。

第二节　企业财务管理信息化的基础理论

一、企业信息化理论

“信息化”一词最早是由日本学者梅棹忠夫提出的，他在《论信息产业》

一文中提出，信息化是通信现代化、计算机化和行为合理化的总称。随后这一概念在日本、中国、俄罗斯等国家流传开来，并逐渐延伸出“国家信息化”的概念。在1997年召开的我国首届全国信息化工作会议上，国家信息化被定义为“在国家统一规划和组织下，在农业、工业、科学技术、国防及社会各个方面应用信息技术，深入开发、广泛利用信息资源，加速实现国家现代化进程”。企业作为国民经济的一个微观主体，是社会所需产品与服务的主要来源，因此企业信息化作为国家信息化的重要分支，其推广与应用直接关系到社会的稳定与发展[①]。

简单来说，企业信息化就是将信息技术应用到企业管理的各个环节中去，以提高企业经营效益与市场竞争力。现今的企业信息化正在向着智能与协同的方向发展壮大，并为各业务模块的发展与优化提供新思路。

企业信息化是一个相对宏观的概念，财务管理信息化是企业信息化的重要组成部分。换一个角度来讲，企业信息化是财务管理信息化发展的土壤，企业信息化对财务管理信息化的发展起到了重要的引导与有效的支撑作用。财务管理信息化的健康发展与企业信息化的发展水平息息相关，没有企业信息化良好的数据支持和布网式的监督管控，财务管理信息化的效能将会被极大地削弱。

二、财务集中管理理论

财务集中管理是指通过集中核算、统一管理和报告制度，对企业进行财务管理，主要内容包括财务的集中核算、集中控制以及决策支持。

财务集中管理体系主要包括核算层、管理层以及决策层。其中，核算层决定了财务集中管理体系对信息源的掌控程度，是整个财务管理信息化乃至企业信息化实施的重要基石。管理层作为财务集中管理体系中企业战略方针与具体预算的执行和管控者，是财务管理信息化贯彻执行的重要保障。决策层在财务集中管理体系中直面企业高层，为企业高层的各重大决定提供有力证据，在引导企业的总体走向上发挥着重要的作用。可见，财务集中管理在财务管理信息化建设中提供了一个整体的管理框架和渗入管理脉络，从横向和纵向上管理和掌控整个企业的运行情况，是财务管理信息化实施的关键保障。

① 李冬梅．数字化时代基于业财融合的企业财务管理信息化建设策略 [J]. 大众文摘，2023（33）：141-143.

三、全面预算管理理论

预算是一个相对宽泛的概念，它具体反映在企业经营活动的方方面面，如现金预算、费用预算、资本预算、损益预算等。预算是一项计划工作，是对目标结果的量化表现。预算管理并不是简单地记录与比较，而是企业进行管控的重要手段。在企业预算理论形成之初，预算管理的职能定位就是计划和协调，经过多年的发展，预算管理逐步囊括了控制、激励和评价，并逐步成为企业进行内部控制的重要手段。也正是基于预算管理功能定位的逐步成型，以及企业内外部环境、企业跨越式发展、企业现代化管理的综合需求，企业预算管理的实施迫在眉睫，全面预算管理的理念逐步形成。

全面预算管理的主要内容包括经营预算、资本预算、筹资预算以及财务预算四个部分。基于各企业的具体情况，全面预算管理应用的过程设计和规划存在差异，模式和体系有待考量。近年来，价值链以及供应链的广泛研究为全面预算管理的实施提供了创新性的思路，但是实施效果仍不尽如人意，直到信息技术条件下的各大管理软件以及作业成本管理的提出，才使全面预算管理的应用开启了一个新篇章，全面预算的思想逐步通过计算机技术、信息技术在企业管理中体现出来。随着烦琐的预算编制工作得到了有效的解决，全面预算管理必将向着更深入的管控和下钻式的预算差异分析方向进军。

近年来，企业信息化的发展与其功能的逐步深化，为全面预算管理的生根发芽提供了丰富的沃土。同时，全面预算管理也逐步成为继企业资金管理后的第二大财务管理信息化核心内容。全面预算管理能够与企业的战略相融合，贯穿于战略的制定、落实、监控与考核，同时全面预算管理还将以企业价值链为根基，进行整个价值链的资源优化配置。

四、商业智能

商业智能是1989年由分析师霍华德·德莱斯纳提出的。商业智能是指将数据转变成信息，并最终将信息转化为知识。商业智能是伴随着信息技术的发展进步以及推广应用而逐步发展起来的，它借助于数据仓库、数据挖掘等技术，进行多维度的分析和深入的挖掘，将杂乱的数据转化为具有决策价值的知识，并将其应用于各类商业活动。

数据仓库、数据集市、数据挖掘以及联机分析处理是商业智能的核心组成。其中，数据仓库充当了企业业务数据的存储器，对企业的各项业务数据进行统一和集中管理，与数据集市一起为商业智能的正常运作奠定坚实基础；数据挖掘的主要功能是对数据库中数据进行判断与提取，在联机分析处理的分析和处理工作中起到重要的辅助性工作。

第三节　企业财务管理信息化的主要内容及特点

一、企业财务管理信息化的主要内容

随着我国经济的发展，传统的财务管理模式已不能满足经济发展的要求。尤其是加入世界贸易组织后，全球经济的一体化使中国的经济环境发生了很大变化。为了提高企业的管理水平，促进企业管理现代化，增强企业市场竞争力，必须进行信息化建设。这是我国企业实现跨越式发展的必经之路，也是中国经济实现管理变革的要求，而企业财务管理信息化正是这种管理信息化变革的核心。企业财务管理信息化的主要内容如下。

（一）财务管理观念的信息化

任何一次管理革命的到来首先要有观念的更新。没有观念的更新，就不会有管理理论的突破，也就难以在实践中转化和应用，从本质上讲，信息化管理的基础是信息。在信息网络化建设日益将国民经济和国际经济连接成一个整体的时代，必须树立系统观念，以大保障观念拓宽财务的视野和思路，逐步把以物流管理为主的观念转变到以信息流管理为主上来，加深对财务管理信息化的发展趋势及其重要性的认识。

（二）财务管理决策的信息化

信息是决策的依据，而决策是信息化管理的核心和关键。对信息资源的开发与利用，是现代管理的主要方向。财务信息具有渠道的多向性、传递的滞后性和处理的精确性等特点，财务信息的这些特点决定了财务信息在财务管理中的作用。企业要善于运用信息及信息系统处理财务管理中复杂的问题，做到广泛收集信息、科学判断信息、及时反馈信息、精确加工信息，为实施科学的财务决策提供准确、完善、有用、适量的信息咨询。

（三）财务管理体制的信息化

财务信息化管理水平的高低，依赖于保障体制是否顺畅，是否有利于信息的快速传输。体制不顺，必然因无效的功能耗费减缓信息流的流速，影响管理效果。体制环节越少，综合性越强，结构越精干，越有利于实施财务管理信息化。因此，企业财务管理应适应信息化管理的要求，按照简化层次、优化结构的要求，努力做到综合化、一体化和模块化。

（四）财务管理人员的信息化

人是信息化管理中的重要资源。信息系统本身就是人机结合的系统，财务管理信息化对财务人员知识化、专业化、科学化和群体结构的优化提出了更高的要求，管理人员专业化、专业人员技术化、技术人员信息化已成为信息化时代管理人才发展的基本趋势。信息化程度的提高在对人才结构提出新要求的同时，也在加速人才培养模式和手段的改革。远距离教育、仿真模拟训练打破传统教育的地域、专业界限，千里之外可以互教互学，财务管理人员的培养真正进入“大教育”和知识共享时代。

（五）财务管理方法的信息化

就信息载体而言，硬件是有限的，而软件则是无限的。信息化管理方法的基本特征是程序软件化，有了软件系统，就能通过大量的数据处理和程序运行，产生新的管理方法，把复杂的问题简单化。财务管理信息化并不否定传统管理方法的作用，但传统的管理方法只有建立在信息化基础之上，才能发挥更好的作用。在传统经验的基础上实现信息化，财务管理就进入了一个逐步完善的时期。

二、企业财务管理信息化的特点

（一）财务信息及财务软件的多元化

企业的信息化包括产品信息化、设计信息化、生产过程信息化、企业管理信息化和市场营销信息化，这几个方面都与财务信息有着密切联系。现代财务管理软件，正是将财务信息与ERP、客户关系管理（Customer Relationship Management，CRM）、人力资本管理（Human Capital Management，HCM）、人力资源（Human Resources，HR）等方面的信息整合在一起，提供关键绩效指标（Key Performance Indicator，KPI）信息和审计线索，是全球一体化的物流、资金流、信息流的反馈中心，是企业国际化营销、制造、人力资源配给的综合经济反映，是国际财务监管的有力支持工具。

（二）技术结构多元性

现代财务软件技术结构灵活，数据库庞大，为实现财务信息的快速、全面及安全提供了有力的支持。高端专业型财务软件将突破C/S和B/S各自的缺陷，以B/C/S的多元化技术结构建立混合应用模式的财务信息系统，兼顾系统在安全、灵活、开放、速度等各方面的技术要求。XML网络协议是技术结构多元性的基础，在国际化财务信息移动交换和海量数据处理的需求下，蓝牙技术和网格计算也将逐步运用到财务软件中去。

（三）现代财务软件支持多种操作平台

财务数据的社会化是信息化发展的趋势，财务软件能够支持多种操作平台，使不同操作平台下的用户都能方便地获取财务软件中的数据。

为适应中国加入世贸组织后经济一体化、资本国际化的要求，现代财务软件也能按照西方会计准则、会计制度生成“西式”财务报告，甚至是中西混合式财务报告。财务软件支持多元性会计准则这一功能，有利于财务信息接收者立足于不同的会计环境评价企业财务和经营状况。

（四）财务信息的国际化，要求财务软件语言国际化

语言国际化是财务信息国际化最直接的体现。多国语言支持，使不同语言背景下的财务信息系统使用者能够方便地进行沟通，特别是对于跨国性企业和国际的合资企业来说，语言的多元性是高端专业型财务软件必须具备的要素。高端专业型财务软件语言界面的多元性，不同于各种不同语种的软件版本，它能够做到在同一版本的软件里即时切换不同语言。

第四节　企业财务管理信息化的重要意义

财务管理信息化是财务管理史上的一次革命，是经济和科技发展对财务管理提出的新要求。财务管理信息化已成为一门集电子计算机科学、信息科学和会计科学为一体的边缘学科，正在起到带动经济管理诸领域逐步走向现代化的作用。具体来讲，财务管理信息化的意义主要体现在以下六个方面。

一、促进会计工作效率的提升

财务管理信息化可以提高会计工作效率。实现财务管理信息化后，只要将记账凭证输入计算机，计算机就可以自动、高速、准确地完成大量的数据计算、分类、存储、传输等工作。这不仅可以把广大财务管理人员从繁杂的记账、算账、报账工作中解脱出来，而且也大大提高了会计工作效率①。

二、提升财会工作质量

财务管理信息化的实现，促进了财务管理工作规范化，提升了财务管理工作质量。财务管理信息化对财务数据来源提出了一系列规范化的要求，在很大程度上解决了手工操作中的不规范、易出错、易疏漏等问题，使财务管理工作更加标准化、制度化、规范化，财务管理工作的质量得到了进一步的保证。

三、促进财务管理人员素质的提高

随着财务管理信息化的开展，由于许多工作是由计算机完成的，财务管理人员有了更多的时间，可以学习会计和管理方面的新知识；与此同时，财务管理信息化要求广大财务管理人员学习掌握有关财务管理信息化的新知识，从而使广大财务管理人员的知识结构得以更新，素质得以提高。

四、促进财务管理工作职能的转变

在手工条件下，财务管理人员整天忙于记账、算账、报账，财务管理工作只能实现事后核算的职能。财务管理信息化不仅提高了财务管理人员的工作效率，使财务管理人员可以腾出更多的时间和精力参与经营管理，更好地发挥财务管理人员应有的作用，而且由于计算机能够存储并迅速处理大量的数据，实现会计的事中控制、事先预测的职能，财务管理工作能在加强经营管理、提高经济效益中发挥更大的作用。

五、推动财务管理制度的改革

财务管理信息化不仅是财务核算手段和财务信息处理技术的变革，还会对

---

① 马玉珍 . 关于高新技术制造企业财务管理信息化的改革研究 [J]. 大众商务，2023（3）：159-161.

财务核算的内容、方式、程序、对象等会计理论和实务产生影响。为了适应这些变化，财务管理制度也要进行相应的改革。

六、奠定了企业管理现代化的基础

现代企业不仅需要提高生产技术水平，而且需要提高管理水平，实现企业管理现代化，从而提高企业经济效益，使企业在激烈的竞争中立于不败之地。财务管理信息化的实现，为企业管理现代化奠定了基础，并且可以带动或加快企业管理现代化的实现。

第二章　企业财务管理信息系统设计

第一节　企业财务管理信息系统

一、企业财务管理信息系统的定义

企业财务管理信息系统可分为事务处理系统（Transaction Processing Systems，TPS）、管理信息系统（Management Information System，MIS）、决策支持系统（Decision Support System，DSS）和人工智能/专家系统（AI/ES）四个层次。

最底层的TPS用于记录和保存企业活动的基本信息；MIS用于整理并简单分析各项信息；DSS用于向企业高层提供支持决策的相关信息；AI/ES用于对信息作出反馈、管理和控制。完整的企业财务管理信息系统实际上是DSS与AI/ES的有机结合，根据MIS提供的数据得出支持决策的信息，通过系统控制实现企业财务管理。

目前，学界对企业财务管理信息系统的定义仍然没有形成一致的认识。以系统论的观点来看，企业财务管理信息系统的定义应包含企业财务管理信息系统的目标、构成要素以及功能等几部分内容。

企业财务管理信息系统的目标要符合企业财务管理的目标。换言之，企业财务管理信息系统的最终目标是实现企业价值最大化。这个目标通过决策支持得以体现，因此财务管理信息系统工作的中心是支持决策活动和控制过程。

信息技术、数据、模型、方法、决策者和决策环境等是企业财务管理信息系统的主要部分。

企业财务管理信息系统的功能主要体现在财务决策和财务控制两个方面。财务决策和财务控制是企业财务管理基本职能，企业财务管理的其他工作职能都可以视为财务决策和财务控制派生出的职能。

综上所述，企业财务管理信息系统可定义为：在信息技术与管理控制的环境下，由决策者主导和获取支持决策的数据并构建决策模型用于财务决策，再将决策转化为财务控制，以实现企业价值最大化为目标，对业务活动进行控制的管理信息系统。

在很长的一段时间内，人们对企业财务管理信息化都没有形成一个明确的认识，并且曾提出过“理财电算化”的概念，其实质就是通过工具软件构建企业财务管理分析模型。“理财电算化”的提出很容易让人对企业财务管理信息化产生错误的认识，认为企业财务管理信息化就是单纯地在企业财务管理工作运用计算机技术。

企业财务管理信息系统的提出帮助人们纠正了对企业财务管理信息化的错误认识。企业财务管理信息系统以系统论思想为指导而建立，而且随着现代信息技术的飞速发展，构建企业财务管理信息系统的各项条件均已实现。

二、企业财务管理信息系统的特点

企业财务管理信息系统的特点从其定义中就可看出，主要可概括为动态性、决策者主导、与其他管理信息系统联系紧密、高度的开放性和灵活性四大特点。

（一）企业财务管理信息系统的动态性特点

企业财务管理环境决定了企业财务管理活动，而企业财务管理环境是在不断变化的，因此，企业财务管理信息系统没有统一的标准，不同企业间也很难互相参照。这就决定了企业财务管理信息系统的动态性特点，即企业财务管理信息系统会随着企业战略与企业财务管理环境的变化而变化。

（二）企业财务管理信息系统由决策者主导

企业财务管理信息系统面向的是企业的高层，为企业高层的决策活动服务，所以企业财务管理信息系统会涉及大量的分析和比较，需要进行智能化的处理过程，这就决定了企业财务管理信息系统由企业决策者主导。

（三）企业财务管理系统与其他管理信息系统联系紧密

企业财务管理信息系统包含在整个企业管理信息系统之中，是企业管理信息系统的重要组成部分。支持决策的数据来自不同的管理信息系统，因此企业财务管理信息系统需要实现与其他管理信息系统的数据共享或系统的集成，充分发挥企业财务管理信息系统的控制能力。

（四）企业财务管理信息系统具有高度的开放性和灵活性

企业财务管理信息系统高度的开放性和灵活性是其适应复杂多变的决策环境和不同企业财务管理模式的结果。首先，企业财务管理信息系统允许管理者制定个性化决策过程和控制流程，能够根据不同需求重组和构建企业财务管理的流程；其次，企业财务管理信息系统具备支持不同数据库管理系统和异构网络的功能；最后，企业财务管理信息系统具有一定的可扩展性和良好的可维护性，能实现动态的企业财务管理。

三、企业财务管理信息系统的基本运行模式

企业财务管理信息系统的基本运行模式分为财务决策环境分析、制定、执行以及控制评价四个阶段。这四个阶段都要在一定的企业环境和信息技术环境下实现，它们彼此联系，共同构成企业财务管理信息系统的基本运行模式。

财务决策环境分析阶段，需要对财务决策进行风险评估，明确决策目标以及决策的各项约束条件和达成目标的关键步骤。这是财务管理信息系统运行的第一个阶段，也是财务决策的准备阶段。通过信息技术平台能够获取相应的信息，并引入财务决策过程。

财务决策制定阶段是构建财务决策模型的阶段，即通过决策模型获取支持决策的所有数据，并通过大量的比较与分析从众多方案中选出最优方案，生成相应的计划、指标和控制标准。

财务决策执行阶段需要根据决策方案进行预算并进行资源配置，控制财务决策的执行过程，包括执行进度、预算执行、资源消耗情况等。

财务决策控制评价阶段将评价结果与预期控制指标进行比较，看是否存在偏差。若存在偏差，则需分析产生原因，并进行修正。若判断为决策失误，则需重新制定决策；若决策执行过程中存在偏差，则需重新评估决策环境。

财务决策的执行阶段和控制评价阶段在实际的企业财务管理信息系统中通

常会集成于具体业务处理系统中。企业财务管理信息系统是具备和业务处理系统的数据接口共享能力的集成化控制平台，从而保证了企业财务管理信息系统职能的发挥。

四、企业财务管理信息系统的功能结构

决策与控制是信息化环境下企业财务管理的两大基本职能，企业财务管理信息系统的功能结构也是围绕这两个职能展开的，具体功能结构如图2-1所示。

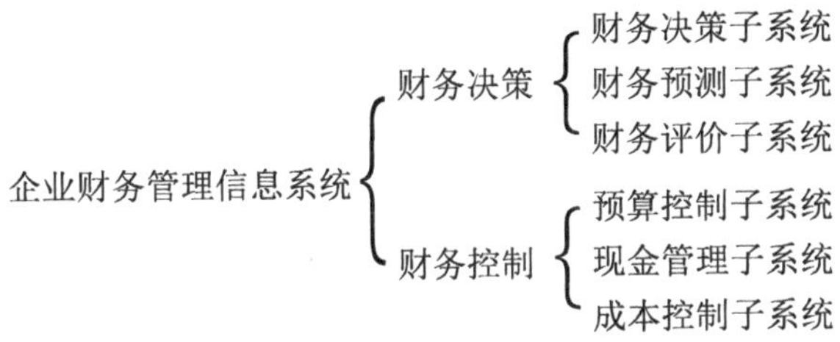

图 2-1　企业财务管理信息系统的功能结构

财务决策子系统主要包括企业筹资决策信息化、投资决策信息化、股利分配信息化三部分内容。具体而言，财务决策子系统包括用户决策需求分析、决策环境分析、决策模型构建、决策参数获取、决策结果生成等模块，并包含模型库、方法库和数据库等基本数据库管理系统。

预测是综合历史数据和现在获得的信息、数据进行科学分析，推测事物发展可能性与必然性的过程。信息技术为预测创造了更好的条件，数据库能够提供海量数据，计算工具能够计算出更为科学、准确的预测方法。财务预测信息化包括利润预测、市场预测、销售预测、资金需求量预测、企业价值预测、财务风险预测等。

以往的财务评价通常为单纯的财务指标评价，而在信息化环境下，财务评价是对企业财务状况进行多层面、多维度的综合性评价。相较于传统财务评价多发生在事后，财务管理信息化可以实现事中评价，能够有效地预警可能出现的财务风险。

预算控制子系统根据企业决策及决策方案中提出的计划和指标等进行预算，并对预算进行执行、管理与监控。

在企业财务管理信息系统中，现金管理是非常重要的内容。随着线上交易

的逐渐成熟，现金管理不再局限于纸质货币的管理与对账，电子货币及其转化形式的结算、核对与网上管理都是现金管理的重要内容。此外，现金管理还有一个重要的工作内容就是合理控制现金支出，并判断企业现金流的变动，根据现金需求及时作出合理安排。规模较大的企业还可以通过核算中心实现企业内部现金的统一配置与管理。

成本控制子系统与成本核算子系统共同完成成本计算、成本分析等工作，并通过各种手段合理降低生产成本。

第二节　企业财务管理信息化建设的整体框架

一、企业财务管理的实施流程

企业的一切活动都是由业务活动引起的，包括物的活动、信息的活动和管理活动。这里所说的“物”不仅包括各种物资资源，也包括各种人力资源、现金、证券等[①]。

企业业务活动的发生引发了包括原材料、辅助材料、机器设备等物资的活动，以及业务人员、生产人员、管理人员、工程技术人员等人力及货币、证券等资金的活动。信息活动是对企业业务过程、物流及管理活动的信息进行反映和管理的活动。与物资流转过程相对应的是资金运动过程，在这个过程中，企业资金不断地从一种形态转化为另一种形态。

（一）企业财务管理过程

企业再生产过程也是资金运动的过程，这个过程由一项项财务活动组成。企业在组织财务活动过程中，与各方面发生财务关系。企业财务管理就是组织财务活动、处理财务关系的一项经济管理活动。

随着再生产过程的延续，企业资金从货币资金开始，依次经过获取、转换和销售三个阶段，分别表现为储备资金、固定资金、生产资金、成品资金等各种不同形态，然后又回到货币资金形态，如此不断地循环往复，形成资金的循

① 杨柯．关于企业财务管理信息化建设的探讨［J］．大众商务，2023（3）：138-140.

环与周转。

1. 筹集资金

筹集资金是再生产活动的前提，也是资金运动的起点。它是在国家宏观调控政策的指导下，从企业自身的生产经营状况及资金运用情况出发，根据企业未来经营策略和发展的需要，经过科学预测和决策，通过一定渠道，采用一定方式，取得生产经营所需资金的一项理财活动。

2. 投放与使用资金

投放与使用资金是企业将筹集的资金以不同方式投入再生产的过程。投入的资金一部分用于建设厂房、购买设备，形成劳动手段，即固定资金；一部分用于采购材料物资等劳动对象，形成储备资金，以保证生产经营活动的进行。

3. 耗费资金

在生产经营过程中，生产者使用劳动手段对劳动对象进行加工，生产出产品，形成了成品资金。在这一过程中，需要消耗各种材料、物资等，发生固定资产损耗，同时还需要支付工资以及其他各种费用。资金耗费的过程也是价值创造和价值形成的过程。

4. 收入与分配资金

收入与分配资金将企业取得的收入和收益分为三部分：一部分用于重新购置劳动手段、劳动对象、支付工资和其他费用、参加生产周转，使企业生产经营活动持续进行；一部分用于依法缴纳各种税款，弥补前年度的亏损；还有一部分形成企业的税后利润进行分配。

（二）企业财务管理过程与业务过程之间的关系

从企业财务管理过程可以看到，企业财务管理过程与业务过程存在着紧密的联系。把这种联系抽取出来就可以更深刻地理解企业财务管理过程与业务过程的关系。这一关系也正好反映了企业财务管理活动是从资金运转角度对企业经济活动过程中资金的运转进行管理的本质。

（三）企业财务管理信息系统与企业财务管理过程的关系

企业财务管理信息系统是完成企业财务管理目标，进行企业财务信息业务处理的直接工具。它要从企业财务管理过程获得企业财务业务数据，然后应用自己特定的财务管理方法和规则，对这些数据进行加工处理，并以报告形式向企业财务信息使用者反映企业资金筹集、投放、运用和收入分配的财务信息。

图2-2简单地描述了企业各项财务活动与企业财务管理信息系统各子系统的对应关系。

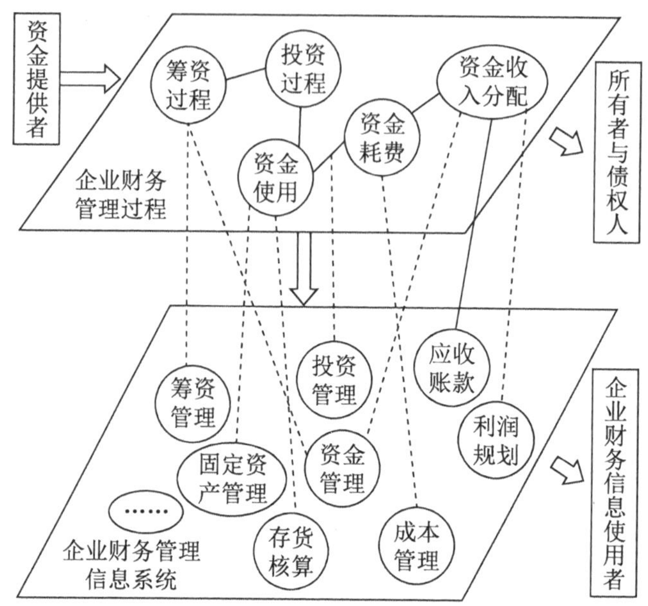

图 2-2 企业财务管理信息系统与企业财务管理过程的关系

在图2-2中，上部分体现了企业财务管理的过程，下部分体现了企业财务管理信息系统；虚线表示企业财务业务和企业财务管理信息系统的“分离”过程。从图2-2中可以看到，企业财务业务数据可以直接实时传递到企业财务管理信息系统，由企业财务管理信息系统加工成各类使用者需要的企业财务信息。

二、企业财务管理信息平台

（一）企业财务管理信息化中的主要信息技术

企业财务管理信息化除了构建信息平台的基本技术外，还需要应用其他信息技术以更好地完成企业财务管理目标[①]。

---

① 魏蓝，窦艳菊．新形势下烟草企业财务管理信息化建设研究——评《新经济环境下企业财务管理实务研究》[J]．科技管理研究，2022，42（11）：18.

1. 因特网、企业内部网和企业外部网技术

（1）因特网技术

因特网是一种全球计算机网络系统，其按照一定的通信协议，通过各种通信线路将分布于不同地理位置上、具有不同功能的计算机或计算机网络在物理上连接起来。因特网技术是以通信协议为基础组建的全球最大的国际性计算机网络。通过因特网可以收发电子邮件，远程登录访问系统资源，进行文件传输，通过万维网访问各种链接文件等。企业中的部门与部门以及企业与企业之间都可以通过因特网及时、便捷地分享各种信息，实现低成本的集成、协调管理。

（2）企业内部网技术

企业内部网是按照因特网的连接技术将企业内部的计算机或计算机网络连接起来的企业内部专用网络系统。企业内部网只在企业内部进行信息和数据的传输与交换，涉及企业内部经营管理的各个方面。企业内部网是实现电子商务的基础，企业内部网的用户都使用同样的网络浏览器，企业的决策执行、生产分工、销售等一系列商务应用都可以在企业内部网上一目了然，使企业内各部门之间的联系和协作更加流畅、快捷。同时，在企业内部网中，信息的存放位置都是单一的，使企业内部信息的传递更加便捷，实现了企业内部信息的高度共享以及动态、交互式地存取信息。

（3）企业外部网技术

企业外部网是利用因特网技术将企业内部网与企业外部的销售代理、供应商、合作伙伴等联结起来形成的信息交换网络。价值链中的几家企业共享一个企业外部网，能够更加方便、快捷地实现企业间的信息共享与线上交易，还能避免因特网安全问题带来的风险。

2. 电子商务技术

随着信息技术的不断进步与发展，经济全球化不断深入，电子商务的概念和内涵也在不断扩充和发展。我们可以认为电子商务是以现代信息网络为载体的新型商务活动形式，是通过信息网络实现商品与服务的所有交易活动。

从企业的角度来看，电子商务既是面向外部市场的商务活动，也是面向内部的经营管理活动。通过进行因特网电子数据交换，企业的一切商务活动如广告宣传、网络营销、产品发送、业务协作、售后服务等都可以实现。在企业内部，可以通过信息化、网络化管理实现企业内部活动与外部活动的协调一

致。与传统贸易活动相比，电子商务具有以下优势和特点。首先，开放性的电子商务平台使商务活动打破了空间的限制，为企业搭建了进入更大范围市场的桥梁。因特网的覆盖面为企业提供了无限大的市场，电子商务的应用使许多服务都能够通过信息技术完成，从而更好地满足人们的需求。其次，电子商务为全球商务活动的统一打下了基础。电子商务实现了全球范围内的信息共享，这也要求企业在相应的技术条件下遵守相同的商务规则，促进全球商务活动的统一。再次，安全性是电子商务必须考虑的重点问题。交易信息的保护以及交易的安全性已经成为电子商务发展的重要环节，建立、健全电子商务相关法律法规，规范电子商务交易环境也已成为新环境下的重大课题。最后，电子商务在打破空间壁垒的同时也对企业协调能力提出了新的要求，因为商务活动是一个与供应商、客户、合作伙伴相互协调的过程。

3. 数据仓库、数据挖掘与商务智能技术

（1）数据仓库

数据仓库是一种由面向决策的多数据源集成的数据集合。数据仓库不是数据库，它面向的是决策，用于管理层管理决策信息并进行分析。通过数据挖掘技术，可以在数据仓库中获取决策分析所需的各项信息。

（2）数据挖掘

数据挖掘是从大量数据中提取有用信息并对未来进行预测的过程。数据挖掘以挖掘对决策有价值的、有用的信息为根本目的。

（3）商务智能技术

商务智能技术目前仍然没有一个统一的定义，广泛的说法是通过信息技术收集、管理、分析信息和数据的过程或工具。商务智能技术的目标是改善决策水平，提高决策的及时性、正确性和可行性。

4. 信息系统集成技术

集成是将系统或系统的核心部分、核心要素连在一起使其成为一个整体的过程。在企业信息化中，集成用于构建复杂系统以及解决复杂系统的效率问题。笼统地说，信息系统集成能够优化企业业务流程，实施绩效的动态监控，有效改善信息孤岛化的问题。

根据信息层次可将信息系统集成划分为物理集成、数据和信息集成以及功能集成三种。物理集成是构建一个包含硬件基础设施和软件系统的集成平台，实现系统运行与开发环境的集成；数据和信息集成是将数据与信息进行统一规

划、存储和管理，实现不同部门、不同层级间高效的信息共享；功能集成是将各部门的各项功能进行统一规划和分配，在应用上实现各部门功能的协同处理。

根据集成内容可将信息系统集成分为过程集成和企业集成两种。过程集成的实现是建立在信息集成上的，通过过程之间的协调为财务管理清除各项冗余和非增值的子过程，以及由人为或资源等造成的影响过程效率的各种障碍。企业集成包含两层含义：一是在过程集成基础上形成的由人、管理与技术集成的企业内集成；二是基于外部网络的企业与企业之间信息交换和业务处理的企业间集成。

（二）企业财务管理信息系统的技术平台

企业财务管理信息系统的技术平台由各种网络化基础设施和软件系统组成，包括网络化硬件基础设施、支撑软件系统、应用软件系统、企业应用模型、企业个性化配置系统和安全保证体系六个部分。

1. 网络化硬件基础设施

网络化硬件基础设施是指构成企业财务管理信息系统的硬件设备，为企业财务管理信息化的正常运行提供了必备的硬件环境。也就是说，网络化硬件基础设施是企业财务管理信息化技术平台的物质基础，是实现企业财务管理信息化的前提条件。

2. 支撑软件系统

支撑软件系统是支撑企业财务管理信息平台的基础软件系统，包括网络操作系统、数据仓库、各种工具软件等。支撑软件系统的安全影响着应用软件系统和业务内容的安全。

3. 应用软件系统

应用软件系统是企业结合自身需求选择并实施的企业财务管理信息系统。通常，单个企业会选择资产管理系统、筹资管理系统、投资管理系统、预算管理系统、成本管理系统等应用软件系统，集团企业还需增加战略规划系统、风险管理系统和集团资金管理系统等集团财务管理信息化方面的应用软件系统。

4. 企业应用模型

企业应用模型是指企业信息化所采用的模型。企业可以根据自身情况与需求自定义企业应用模型，如业务模型、功能模型、组织结构模型等，并通过相应的支撑软件平台定义各模型的功能系统、组织结构、配置系统参数等。

5. 企业个性化配置系统

企业个性化配置系统能够根据企业的应用模型在系统中选择满足企业管理需求的功能需求，并根据应用模型的需求配置各项参数，构建一个既符合企业特点又能满足企业需求的个性化系统。

6. 安全保证体系

安全保证体系是为企业财务管理信息化技术平台以及信息处理内容提供安全保障的所有要素构成的系统总称。安全保证体系包括安全风险分析与评价、安全保障技术、安全控制措施以及法律法规体系、安全机制的构建，信息安全机构的设置，安全产品的选择等。

第三节　企业财务管理信息系统的构建

一、企业财务管理信息系统的开发

企业财务管理信息系统与其他信息系统一样都是一个复杂的系统工程，涉及面广、联系的部门多，与企业的管理、业务、组织等都息息相关①。

（一）企业财务管理信息系统的开发方法

企业财务管理信息系统开发方法是软件开发工作方式的具体描述，详细给出了软件开发工作中各阶段的详细办法、文档格式、评价标准等。在确定了企业财务管理信息系统的开发模式后，就要使用一定的开发方法进行系统开发。常见的系统开发方法有结构化系统开发方法和面向对象的开发方法。

1. 结构化系统开发方法

结构化系统开发方法是目前普遍使用的较为成熟的系统开发方法，它采用系统工程开发的基本思想，将系统结构化和模块化，然后对系统进行自上而下的分析与设计。具体而言，对整个信息系统进行规划，划分若干个相对独立的

① 刘艳艳 . 企业财务管理信息化建设的路径分析 [J]. 中国物流与采购，2023（11）：99-100.

阶段，对阶段进行自上而下的结构化划分。在划分过程中，应从最顶层着手，逐渐深入至最底层。在进行系统分析和设计时，先从整体入手再考虑局部。在系统实施阶段，要由下至上，从最底层模块入手。最后，由下至上地将模块拼接起来并进行调试，组成一个完整的系统。

在划分阶段时，通常分为系统规划阶段、系统分析阶段、系统设计阶段、系统实施阶段以及系统运行与维护阶段五个首尾相连的阶段，这也是财务管理信息系统开发的生命周期。

系统规划阶段，根据系统开发的需求做初步调查，确定系统开发的目标和总体结构，明确开发过程中各个阶段的实施方法与可行性分析，生成可行性分析报告。

系统分析阶段是系统开发的第一个阶段，围绕系统开发的目标深入调查线性系统与目标系统，通过系统化分析建立系统的逻辑模型。在系统分析阶段，主要是对管理业务流程和数据流程进行调查并形成系统分析报告。

系统设计阶段是根据上阶段构建的系统模型设计物理模型，主要为总体结构设计和详细设计形成详细的系统设计说明书。

系统实施阶段是根据上阶段的设计进行程序设计与调试、系统转换、数据准备、系统试运行等。同时，还要形成相关技术文本，如程序说明书、使用说明书等。

系统运行与维护阶段也是系统正式开始运行的阶段，主要任务是负责系统的日常管理、维护与系统评价。

2. 面向对象的开发方法

面向对象的开发方法是以人对客观世界的习惯认识与思维，研究、模拟现实世界的方法。在这个方法中，客观世界是由一个个不同的对象构成的，每个对象都有自己的运行规律和独特的内部状态，不同对象之间相互作用、相互联系，共同构成了完整的客观世界。

面向对象的开发方法强调以系统的数据和信息为主线进行系统分析，通过全面、详细的系统信息描述指导系统设计。面向对象的开发过程通常分为需求分析、面向对象分析、面向对象设计以及面向对象程序设计四个阶段。

需求分析阶段，调查研究系统开发的需求和系统的具体管理问题，明确系统的功用。

面向对象分析阶段，在问题域中识别出对象以及对象的行为、结构、数据和操作等。

面向对象设计阶段，进一步抽象、整理上述分析结果并形成确定的范式。

面向对象程序设计阶段，将上一阶段整理出的范式用面向对象的程序设计语言直接映射为应用程序。

运用面向对象的开发方法时，需要反复进行系统分析和系统设计，充分体现原型开发的思想。

（二）企业财务管理信息系统的需求分析

企业财务管理信息系统的需求分析是十分必要的。无论企业财务管理信息系统采用哪种开发方式和开发方法，只有通过需求分析才能明确其功能和性能，为后续的开发奠定基础。需求分析实质上是一个逐渐加深认识和细化的过程，通过需求分析，能够将企业财务管理信息系统的总体规划从软件工作域逐步细化为能够详细定义的程度。

企业财务管理信息系统的使用者对需求分析也具有重要作用。使用者规定了基本的系统功能和性能，开发人员在使用者需求的基础上进行调查分析，可以将使用者的需求转换为系统逻辑模型，最终以系统说明书的方式准确地表达出来。下面以结构化系统开发方法为例，介绍需求分析的目的以及需求分析的内容。

1. 需求分析的目的

需求分析即细化系统的要求，全面、详细、系统地描述系统的功能和性能，明确系统设计的限制以及与其他系统的接口细节，对系统其他有效性需求进行定义。通过需求分析，将系统的需求细化，能够为系统开发提供必备的数据与功能表示。在完成系统开发后，系统需求说明书还将成为评价软件质量的重要依据。

信息系统开发的最终目的是实现目标系统的物理模型，即解决怎么做的问题。物理模型是由逻辑模型实例化得到的。与物理模型不同的是，逻辑模型不考虑实现机制与细节，只描述系统要完成的功能和处理的数据。需求分析的任务就是借助于现行系统的逻辑模型导出目标系统的逻辑模型，解决目标系统“做什么”的问题。

创建目标系统的物理模型是企业财务管理信息系统开发的最终目的，而物理模型是通过逻辑模型实例化而来的。需求分析的作用就是通过线性系统的逻辑模型导出目标系统的逻辑模型。

首先，获得现行系统的物理模型。现行系统的类型多种多样，所以在获得现行系统的物理模型这一步中，要对现行系统进行全面、详细的了解，最终通过一个具体的物理模型客观地反映出现行系统的实际情况。

其次，抽象出现行系统的逻辑模型。这一步骤的实质就是区分决定现行物理模型的本质因素和非本质因素，去掉其中的非本质因素，获得反映系统本质逻辑模型的过程。

最后，建立目标系统的逻辑模型。将目标系统与现行系统进行比较，确定目标系统与现行系统在逻辑上的差别，将与现行系统有差别的部分视为新的处理步骤进行相应的调整，由外至内地分析变化部分的结构，推导出目标系统的逻辑模型，最后进行补充和完善，获得对目标系统完整、全面、详细的描述。

2. 需求分析的内容

需求分析的内容可以概括为问题识别和分析与综合。

问题识别是指通过分析研究系统分析阶段产生的可行性分析报告和系统开发项目实施计划，明确目标系统的需求、需求应达到的标准以及实现这些需求所需的条件。系统的需求主要包括功能需求、性能需求、环境需求、可靠性需求、安全保密需求、用户界面需求和资源使用需求等。

分析与综合是指细化各系统功能，明确系统不同元素之间的联系和设计上的限制，分析其能够切实满足系统功能的要求，明确系统功能的每一项需求。在明确系统功能需求的基础上分析其他功能需求，进行合理的改进、补充和删改，形成最终的逻辑模型并详细地将其描述出来。

二、企业财务管理信息系统构建的实施

（一）企业财务管理信息系统的构建思路

企业财务信息化一般存在着六大主体：销售管理、资金管理、采购管理、总账管理、薪酬管理和资产管理系统。要想顺利推进企业财务管理信息化，在建设好这六大主体的同时，如何将它们形成资源共享、步调一致的可持续发展整体，也是企业需要考虑的主要问题之一。

1. 更新观念，提高对企业财务管理工作的认识

企业在进行财务管理信息系统建设时，需要以科学的理念为支持。这就要求企业领导者应树立起科学的管理理念，并充分认识财务管理信息系统构建对提高企业管理水平的重要性，进而优化财务管理工作流程，从而建立起一个科学高效的企业财务管理信息系统。要达到这样的目标，需要企业投入足够的资

金以加强基础设施建设，还需要企业管理层逐级推广企业财务管理信息化的宣传工作，使整个企业的员工都能意识到构建企业财务管理信息系统的重要性，树立现代化的财务意识。

2. 科学地选择企业财务管理软件

企业要想拥有符合自身发展需要的企业财务管理软件，就应该科学地进行选择。选择企业财务管理软件主要有两种方法：一种是直接从软件公司购买所需要的几个核心模块，而非核心模块则由自己开发研究，这样能在一定程度上降低企业的成本；另一种是在自身资金条件许可的情况下，自主研发适合企业需要的企业财务管理软件，这样研发出来的软件会更符合企业的需要，但由此带来的研发成本也可能更高。

从很多企业的实际情况来看，研发一款适合自身需要的企业财务管理软件是更合适的，但是这需要寻找专业的技术团队深入了解企业的财务运行状况。

3. 规范前端数据的接入

企业财务信息直观地反映了企业的财产物资，会影响企业现在和未来的投资方向、营运方向等。企业财务信息是由企业财务数据而来的，其涉及企业运营中所有的经济活动，是运营支撑与决策支持的数据归集地。因此，准确获取前端数据就变得尤为重要。

市场上绝大部分企业财务管理信息系统或其他包含企业财务管理信息系统的企业信息系统，基本上只需要录入原始数据和后续填制凭证等，不需要录入数据，此举大大减少了这些环节可能出现的人为错误。规范前端数据的接入是获取运营过程中企业经济活动财务细节的重要手段，也是企业财务管理信息系统建设的基础。

4. 达成信息全程共享

企业财务管理信息系统构建的目的是使企业财务信息能够在企业内部实现共享，实现企业财务信息的集成。为了实现这一目标，就要明确信息是如何产生的、信息在哪里被引用以及信息是如何实现共享的，这样才能避免产生信息冲突和信息孤岛等问题，使企业达到信息全程共享的目标，提高业务决策的科学性和效率。

因此，企业为了实现各子公司和业务部门之间的信息共享，就需要在现行的财务信息化系统的基础上，更进一步扩大和加快企业的信息传递渠道和速度，以保持企业信息沟通的无障碍。

5. 统一与规范系统流转

企业财务管理信息系统是由预算系统、核算系统、资产系统、报账系统等子系统集合而成的。企业财务信息的流转实际上是对企业财务业务的流转，而企业财务业务的系统流转又能够反映实际业务的发生，因此规范企业财务信息系统的操作流转就显得十分重要。其中，规范化的系统流转包括流程的接入、接收、反馈和业务支撑节点等。此外，由于一些大企业的业务门类较为繁多，在统一和规范系统流转方面，大企业需要做的前期准备较多，投入的人力和物力也比其他中小企业更多。

6. 规范基础数据、业务数据

规范化的基础数据与业务数据是数据流程流转畅通无阻的基础，因此为了确保基础数据和业务数据在各系统顺畅流通，就必须对两者的信息容量、数据分类、数据单位和数据格式等进行统一的规范。只有在前期规范了系统的基础数据、业务数据，其后所获得企业财务数据才能更加精确，企业的财务决策也才更有效。

7. 提升报表质量与提高报表披露速度

财务报表是企业财务状况、经营成果和现金流量的集中体现，财务报表数据则是将企业经营活动中的资金流信息集合起来。所以，高质量的企业财务信息和完善的企业财务管理信息系统将有利于信息使用者更准确地把握企业财务信息，为管理者作出决策提供有力的信息支持。

此外，报表的月结和年结周期不仅可以反映出企业财务管理工作的整体水平，而且能反映出企业财务数据的处理能力，以增强投资者和消费者对企业经营信息的了解。因为市场瞬息万变的环境和社会需求的变化都会通过企业财务信息显现出来，所以高质量的企业财务信息势必会对企业的决策产生关键性的影响。

8. 实现财务分析与决策支持

企业财务管理信息系统的构建，归根结底是通过信息化的途径对企业财务进行分析并为企业运营提供决策支持。很多企业都希望通过构建企业财务管理信息系统来分析企业的盈利能力、偿债能力、运营能力和成长能力，以此为基础为企业的决策提供相应的数据支持。只有准确、可靠的企业财务数据才能为企业的财务决策提供有效的支持，这也是一些企业需要建立企业财务管理信息系统的关键原因所在。

（二）企业财务管理信息系统的设计

1. 企业财务管理信息系统设计原则

（1）安全性原则

系统安全包含内部安全和外部安全。内部安全主要体现在数据的相对安全方面以及非法数据屏蔽等。内部安全可以通过防火墙等方式进行保护，避免数据资源受到不良的影响。同时，在进行系统连接的过程中，应当采取隔离方式对外部信息进行管理，并进行相应的访问控制，确保外部安全，从而为企业财务管理信息系统的稳定运行提供保障。

（2）实用性原则

企业财务管理信息系统需要始终为企业财务管理服务。因此，一定要保证系统建设的实用性，这样才能在日后正常使用。

（3）灵活性原则

企业财务管理信息系统需要提供多方面的查询，要包含多种功能，因此在设计中需要保证企业财务管理信息系统的灵活性。对于复杂的数据知识，企业财务管理信息系统应当能够快速地计算，从而保证数据应用的准确性和灵活性。

2. 企业财务管理信息系统管理机制的建立

要保证一个系统的正常运行，首先是要建立一套完善的管理机制。构建企业财务管理信息系统管理机制的步骤如下。

第一步：设计和构建组织的管理架构。

设置企业财务管理信息系统的管理构架首先要保证其是在企业组织制度统一的框架下运行，其次要切合企业财务管理信息系统的实际需要，设计和构建相应的组织构架。

第二步：制定各类规范、制度。

结合企业财务管理信息系统和企业实际业务的需要，制定与之相关的各种规范、制度，如《财务管理业务流程及管理规范》《财务业务应用及管理规范》《基础应用集成与管理平台管理规范》等。这些规范是保障各项企业财务管理工作能在制度化和规范化的环境中高效有序进行的关键。

第三步：执行和监控各制度规范。

一项管理机制要达到预期的效果，关键是要对其执行的过程进行监控，并将收集到的信息及时反馈给相应负责人员，结合企业实际及时调整相应的管理机制。只有这样才能保证所制定的制度和规范不流于形式，切实为企业财务管理信息系统提供制度保障。所以，企业应成立专门的执行和监控小组，实时监控和反馈企业财务信息，以提高企业财务信息的可靠性和准确性。

企业财务管理信息系统管理机制的建立，需要企业高级管理人员给予高度的重视，这样才能保证该机制能在企业顺利地运行。

3. 系统结构设计

企业财务管理的基本职能分为决策和控制两个部分，企业财务管理信息系统的功能结构也将从整体上围绕着这两个部分开展，从而实现系统化的构成。企业财务管理信息系统总体的功能结构如图2-3所示。

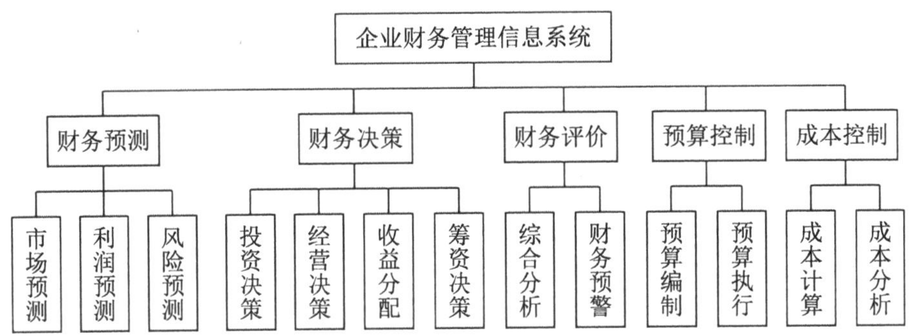

图 2-3　企业财务管理信息系统总体的功能结构

4. 系统模块设计

系统模块设计主要包含财务预测、财务决策、财务评价、预算控制和成本控制等几个重要的模块。

财务预测模块主要包含市场预测、利润预测以及风险预测。

财务决策模块的主要内容包含用户的决策分析、环境分析和参数分析等方面，最终生成投资决策、经营决策、收益分配和筹资决策模块。

财务评价模块主要指的是从企业的财务指标评价转向多层次的企业状况实际分析，主要包含企业的财务指标分析和财务综合内容分析，同时要求评价从原本的事后评价转向事中评价方式，这将对企业的财务风险预测产生积极的影响。

预算控制模块主要是根据决策的结果和决策方式产生的指标、计划等信息进行预算编制，同时要负责预算执行的监督和管理。

成本控制模块主要负责的是成本计算和成本分析工作，然后通过优化方式来减少成本的支出，为企业的经济效益提供可靠的保障。

5. 工资模块的设计

在企业财务管理中，工资方面的核算是一项十分重要的工作。企业如果在工资核算方面出现了问题，那么将会给企业的内部经济造成严重的损失。企业可以将工资的核算纳入财务管理系统，设计工资管理模块，从而对工资方面进行准确的预算。工资管理模块中可以设置员工工龄、职务、薪资和核算方式等模块，然后通过系统自动计算的方式来进行每个月的工资核算，并将工资自动转入员工的工资卡中去。这种方式不仅能增强企业财务管理的规范性，同时还能加速企业的正规化发展和建设。

（三）企业财务管理信息系统的实现

在企业财务管理信息系统设计中，需要重视企业财务管理的实用性原则，即设计内容一定要与企业的实际情况相符合，从而促使企业财务管理信息系统能够真正地得到优化。

1. 企业财务管理信息系统登录界面的实现

企业财务管理信息系统登录界面需要起到阻止外人进入，同时也要起到管理的作用。为此，应当设置相应的登录密码，采取责任管理制度，通过登录和验证等方式来进行登录页面的设置，从而防止外来人员登录企业财务管理信息系统，避免发生数据泄露的问题，为企业财务管理的科学性和稳定性提供可靠的保障。

2. 企业财务管理信息系统管理界面的实现

企业财务管理信息系统管理界面的设计应当重视起管理结构排列设计。对此，可以采取树状结构方式进行排列，使企业财务管理人员能够更加直接地看到企业财务管理的具体内容和数据等资料，从而直观地对企业财务内容进行审核监督。在企业财务管理信息系统管理界面，通过“录入”和“审核”等方式，进行具体的操作，能够实现企业财务的高效管理。

3. 企业财务管理信息系统中工资界面的实现

在企业财务管理信息系统工资界面的设计中，主要是通过员工的工龄、职位和核算方法等来实现系统的自动化操作。在此过程中，需要将员工的个人信息全面录入，然后进行统一编辑，从而形成更加精确的工资报表。

（四）企业财务管理信息系统的优化策略

1. 构建财务业务支撑系统

（1）报账管理系统

报账管理系统主要是对员工的出差费用、会议招待费用、探亲报账费用、医疗补助费用以及其他符合企业报账规范的费用进行报账管理的系统。上述报账费用一般是根据业务类型而分类报账的，这些报账申请可通过企业财务管理信息系统实现自动预算控制。与此同时，没有分类的费用则会有专门的相关部门对其进行综合处理。所以，在企业财务管理信息系统的总规范下进行企业报账平台的规划建设，是符合企业财务部门和其他服务部门要求的。在企业报账平台规划建设过程中，需要重点关注的内容有以下几个方面。

①规范化的报账单据。在通过电子报账平台系统进行报账时，为了确保财务核算账务入账数据的标准化，并为后端的财务核算数据规范奠定基础，需要对报账单据的内容和格式制定统一的规范和标准。

②电子化的审批流程。报账管理系统采用的是电子化的审批流程。它的工作原理主要是根据系统与线下的单据确认，对电子报账单及相关的纸质附件进行电子化处理，再接入电子流程。电子化审批流程不仅能保证审批的质量，而且能提高财务核算的效率，为后端的财务分析和决策提供时间上的保证。

③自动化的信息传递。通过建立预算管理系统、ERP 核算系统、OA 系统的接口，实现信息的准确性，以降低劳动强度和提高财务工作效率。

④界面美观化与操作易学化。通过引入美工元素和潮流元素，提升用户的友好和忠诚程度；同时还要对用户非专业类数据填写与操作步骤进行简化，以提高用户的可操作性和易学性。

（2）预算管理系统

预算管理系统是财务业务支撑系统的一个重要组成部分。加强企业的预算管理工作，能帮助企业的财务部门和高层管理人员了解公司的企业使用情况，也能够预知企业未来的资金支出情况，借此为企业的决策者提供有效的信息，对调整企业的发展战略起到关键性的作用。

预算管理系统是提供预算的编制与调整、预算的控制和预算的执行分析等涉及预算管理全过程的功能。据此，通过对企业财务业务流程进行梳理，并结合企业在全面预算管理方面的管理要求，可以将企业全面预算管理系统的应用分为两个方面的内容：一是按年度进行整体预算管理，二是按日常细分项目进行预算管理。这两个方面的应用在整个财务管理信息系统体系中属于业务的应用层面。

全面预算管理系统的功能主要有个人工作台管理、年度预算编制管理、预算日常业务与调整、预算检查与控制、查询与统计功能、系统管理功能等几个层面。它与已建成或将要建成的其他财务信息系统、前端业务信息系统等都存在着基础数据与业务数据的交互关系。这个集成与交互关系是企业整个财务信息系统不可或缺的重要组成部分。

(3) 银企互联管理系统

银企互联管理系统是指通过与ERP系统、报账平台、营收资金稽核系统建立接口，来实现信息传递的准确性，最终达到降低员工劳动强度，提高企业财务管理工作效率的目的。银企互联管理系统是由系统管理、转账支付、上划下拨、监控对账、查询统计、安全管理和接口管理七个部分组成的。

企业为了实现与主要银行的直连关系，建立与银行业务系统的实时连接通道，并利用该通道向银行发送交易指令和接收数据信息，亟须建立银企互联管理系统。基于银企互联管理系统，企业相关人员可以实时获取资金账户数据，并对企业所有账户的资金变动情况进行及时、全面、准确、有效的监控，同时还可以满足银企自动对账的需要。

(4) 内控内审系统

内控内审系统是指对财务前端业务涉及的财务运作与财务账务处理进行监控、风险分析、提前预警以及防范的工作，是企业财务管理信息系统中必不可简化的环节。内控内审系统模块包括维护管理、执行管理、测试管理、修补管理、考核管理、资源管理、统计分析、知识管理、交流平台九个应用模块。

(5) 资金管理系统

资金管理系统是指对企业的资金来源和资金使用进行计划、控制、监督、考核的工作。它是企业财务管理信息系统中的资金管理环节，其功能主要包括账户管理、资金池、资金计划、资金收付、内部结算、对账、存贷款管理、授信管理、票据管理、报表管理、资金运营与监控分析等。

2. 拓展企业财务管理信息系统的支撑范围

要拓展企业财务管理信息系统，就需要利用科学的运维体系平台和信息管理手段，对已建立的应用系统的运行监控、咨询答复、系统完善的规范化等进行管理。因此，下面将介绍系统支撑组织与支撑人员职责、规范支撑管理制度、建立运维辅助平台等方面的内容。

（1）系统支撑组织与支撑人员职责

系统支撑分成两个层面：业务层面和系统运行层面。其中，业务层面的维护工作主要是保证业务功能正常，包括系统基础数据的维护、日常业务操作培训和支持、需求收集等内容，主要由业务部门的超级用户和关键用户负责。系统运行层面的维护工作主要是对系统正常运行所必需的主机、数据库、存储、网络、接口等进行管理，主要由技术维护部门负责。

（2）规范支撑管理制度

为了使企业财务管理信息系统良好地运行，需要规范企业的支撑管理制度。据此，企业可以建立三级运维支撑服务体系，为企业财务管理信息系统监控服务管理中心的建立创造条件。具体内容如下。

一级维护支持：由专业维护服务团队受理关键用户提出的问题和需求。

二级维护支持：由用户的超级用户构成，并通过多渠道的方式提出问题或需求，以便专业团队中心通过网络、电话中心和邮件等方式受理和解决用户提出的问题。

三级维护支持：由第三方厂商联合构成，对于产品缺陷或重大的系统问题，协调产品厂商处理；若是企业自主开发的系统出现重大问题，则提交给业界知名厂商处理。

（3）建立运维辅助平台

企业财务管理信息系统运维包括规划部署、运行监控、日常运维管理、运维安全审计等一系列工作。建立运维辅助平台，制定规范的运维管理制度，能帮助相关部门收集和监控信息化系统及设备的运行情况，从而提高企业对风险的防范意识。运维辅助平台主要解决以下问题。

①知识库管理。当信息系统运维管理遇到问题需要进行处理时，企业要提供可参考的依据和标准，将问题的风险降到最低。这就需要运维辅助平台将企业中的常见问题、规章制度等形成知识库。

②硬件设备管理与监控。运营辅助平台需要对硬件设备进行管理与监控，对脆弱点进行重点监控并定期报告制度，对关联复杂资源进行实时风险警示。

③定制化应用的重点管理与监控。定制化应用的故障最多，影响最大，监控需求最迫切。因此，应对预知性差、突发性强的定制化应用进行重点监控，帮助企业财务管理信息系统良好地运行。

④提升对监控的扩展能力。企业财务管理信息系统在其生命周期的不同阶段会呈现出不同的故障特征，而运维辅助平台通过监控功能可以对其进行持续的监控，并通过不断地调整设备提升系统对监控的扩展能力。

3. 加强系统安全性设计

一般来讲，企业财务管理信息系统应具备多级别、多层次的安全控制方式，按照财务密级，确保非涉密级的财务信息能实现最大限度的共享，同时对那些涉密财务信息（包括绝密、机密和秘密等密级信息）建立相应的安全性措施。

（1）实现 ASP.NET 安全机制与 IIS 安全机制的协同机制

为确保ASP.NET应用程序的安全，应注意以下三个方面的内容。①身份验证模块。该模块主要是确认及验证用户的身份。②授权模块。在用户通过身份验证后，还要根据用户的访问权限决定用户是否能继续访问相应内容。③模仿模块。在完成传输数据至应用程序的流程后，在ASP.NET应用程序中可以验证执行各类用户的上下文，然后根据模拟身份权限来判别是否允许用户访问。

（2）安全套接层协议（Secure Sockets Layer，SSL）

一般来讲，企业财务管理信息系统会默认以明文的形式输送相关信息，实际使用时可在发送明文中加输密码，借助SSL协议保护相关安全目录的安全性。

（3）个人身份验证技术

该技术主要是采用基于智能卡的认证方式，即每个用户持有一张智能卡，智能卡存储了用户的秘密信息，该信息同时还存放在验证服务器中。在进行PIN认证时，若认证成功，即可读出秘密信息，进而利用该信息与主机之间进行认证。基于智能卡的认证方式是一种双因素的认证方式，即使PIN或智能卡被窃取，用户仍不会被冒充。

（4）其他安全性控制设计

除了上述三个安全性控制设计外还有传输数据加密、CA认证、存量控制表、防火墙和杀毒软件等安全性较高的安全性控制设计系统。

4. 提高财务管理人员综合素质

建立企业财务管理信息化培训体系，要求财务管理人员懂财务和业务，这也是企业培养高素质专业人才的重点。企业财务管理信息系统的性质特征决定了财务管理人员必须具备很高的综合素质。财务管理人员要不断汲取新的知识，不断提高财务管理知识化、信息化水平。同时，企业还需要定期对财务管理人员进行有针对性的培训，对现有的企业信息化培训体系进行补充和完善，加强财务管理人员对专业知识和技能的掌握，使财务管理人员的综合素质水平得到有效提高，确保财务管理信息化建设有条不紊地进行。作为企业财务管理人才，要不断学习新的知识、熟悉计算机的相关操作、提升自身的专业能力，使自己成为经验丰富、专业水平过硬的财务管理复合型人才，推动企业财务管理信息化建设的发展，使企业的管理水平跃上一个新的高度。

第三章　企业会计管理信息化

第一节　会计核算信息化

一、会计核算信息化的目标

企业一旦进入市场，就会面临竞争，并始终处于生存和倒闭、发展和萎缩的矛盾之中，企业必须生存下去才能有活力，只有不断发展才能求得生存。因此，企业目标可以具体表述为生存、发展和获利。由于会计部门隶属于企业组织，会计信息系统是企业管理信息系统的子系统。因此，企业的目标决定着会计的目标，会计目标服从于企业组织的目标。受企业组织目标的影响和制约，会计核算信息化的目标应该在企业目标的指导下，紧紧围绕生存、发展和获利三个方面，采集、存储、处理、传输企业组织经济活动的信息（财务信息和非财务信息），描述企业组织中发生的经济活动，支持经营管理活动的执行，支持管理决策，从而支持企业的目标。

值得注意的是企业的目标并非一成不变，随着市场环境的变化，卖方市场向买方市场的转化，企业生命周期和产品周期越来越短，企业之间的竞争会不断加剧。为了能在激烈的市场竞争中立于不败之地，企业需要适度地调整自己的目标，以全新的方式开展生产经营活动。比如，在企业生产经营方式方面，流水线大批量生产正在被小批量、多批次、种类型号多变的柔性制造系统代替；与此相适应，在组织结构和管理方式方面，纵向组织结构被扁平结构代替，部门分工被团队作业取代。为此，会计核算信息化的目标也应随企业组织目标的调整而作出相应的调整。如果说传统手工会计信息系统与工业社会的企业生产经营活动和管理要求相适应，电算化会计信息系统与转型时期的企业生产经营活动与管理要求相适应，而会计核算信息化则与信息化社会企业组织的生产经营活动和管理要求相适应。

二、会计核算信息化的特征描述

面对扑朔迷离、变化无常的市场环境，具有远见卓识和创新理念的企业经营管理者，为了提高企业组织的经营效率，在市场竞争中取得优势，已经对企业业务流程进行重组，对企业会计信息系统及其他所依附的管理信息系统进行重建，实现电算化会计信息系统和各业务职能信息系统的集成，通过一个集成的框架来实现财务信息与非财务信息的实时采集与处理，满足各种信息用户不同的信息要求，以实现会计信息化的目标以及企业管理的目标。在这种情况下，会计核算信息化作为会计信息化的前提和一部分，必将呼之欲出。那么，会计核算信息化的具体目标是什么，它有哪些特征呢？

第一，会计核算信息化应集成业务信息和财务信息。无论是传统手工会计信息系统，还是电算化会计信息系统，由于货币计量假设的存在，它们的计量方法几乎完全局限于货币计量，因而要么是很少关注非货币方面的信息，要么是不能记录和使用非货币信息，如生产力、技术资源、劳动效率、职工素质等。会计核算信息化的理想境界是实现货币信息和非货币信息的有机集成，即不仅提供传统的财务信息，而且提供非财务信息，以支持企业日常运转、决策、控制和预测。

第二，在会计信息系统中嵌入业务处理规则。企业组织的物流、资金流、业务流和信息流是同一事物的不同侧面，在传统手工会计信息系统和电算化会计信息系统环境下，将它们隔离开来，是由一定背景下人们的认识水平、企业组织管理模式和信息技术条件所决定的。今天，无论是从管理的动因来讲，还是从信息技术平台来讲，完全可以还物流、资金流、业务流和信息流的本来面目，将它们天然的一体化重现出来。如此，我们要么是在会计信息系统中嵌入业务规则，要么是在业务系统中嵌入会计规则，真正做到“你中有我，我中有你”。如果人为地将会计与业务隔离开来，其结果必然是会计信息系统在企业组织管理中的作用得不到发挥，企业经济资源和生产经营活动无法监控。我们唯一能够做到的只是利用会计信息系统在交易或事项发生之后对其进行确认、计量、记录和报告，借以提供事后的会计信息。但是，我们都知道事后会计信息仅仅是会计信息的一部分，而且是管理的潜在价值最小的那部分。

第三，实现信息的实时采集、存储、处理和传输。如果系统能在企业产生和处理业务活动时，采集、存储、处理和传输财务数据和非财务数据，就能大幅度提高会计信息的纪实性、及时性和相关性，使会计人员能够直接关注实际业务过程，从而有助于通过事前预防来控制业务处理风险，而不是只关注控制会计信息系统中的数据处理风险。控制业务处理风险比控制数据处理风险更有意义。

第四，集成存储交易或事项的原始数据，支持多种信息输出要求。传统手工会计信息系统和电算化会计信息系统都是电算化信息系统，与企业中的其他信息系统缺乏及时而有效的沟通和交流。本书所强调的会计信息化是企业级会计信息系统，追求信息的集成和共享，使物理上分散的多个数据库在逻辑上集中，而且消除了冗余，支持不同信息使用者、不同角度、不同层次的信息需求。在会计信息化过程中，大部分交易或事项数据都以原始的、未经处理的方式存放，着重记录交易或事项的个性特征和属性，分类、汇总、更新、计算都放在报告查询输出过程中完成。

总之，会计核算信息化的核心在于集成，即集成物流、资金流、业务流和信息流，集成业务处理和信息处理，集成财务信息和非财务信息，使会计信息系统由部门级上升为企业级系统甚至跨企业级系统。

三、会计核算信息化的功能结构

（一）会计核算信息化功能结构的含义

系统功能结构，是指系统按其功能分层、分块的结构形式，即模块化的结构。一个系统可以划分为若干个子系统，每个子系统又可划分为若干个功能模块，每个功能模块还可以划分为若干个程序模块。这样就把一个系统沿纵向划分为若干个层次，每层沿横向又划分为若干个模块，每一个模块都有相对独立的功能。一个子系统对应一个独立完整的管理功能，在系统中有较强的独立性；一个功能模块完成某一管理业务，是组成子系统的基本单位；一个程序模块则实现某一项具体的加工处理，是组成功能模块的基本单位。各层之间、各块之间也有一定的联系，通过这种联系，各层、各块可以形成一个有机的整体，实现系统的目标。会计核算信息化的功能结构就是从系统功能的角度出发，按照系统分析的原理，分析会计核算系统的构成及其内部联系。

（二）会计核算信息化功能结构分析

1. 会计核算信息化功能结构设置的影响因素分析

会计核算信息化功能结构的设置受企业组织类型、规模、生产经营特点和管理要求影响。企业有制造、商品流通、建筑施工、交通运输、旅游饮食服务等多种表现形式，企业的类型不同，其经济活动内容也不同，执行的财务会计制度也有差别。企业的规模有大有小，不同规模的企业在会计核算上的差别，首先体现在会计工作的组织上，如是集中核算还是非集中核算；其次体现在会计核算的账务处理程序上，如规模较大的企业一般选择科目汇总表账务处理程序或汇总记账凭证账务处理程序，而规模较小的企业一般选择记账凭证账务处理程序。企业生产经营活动的特点，决定了会计核算的内容，也决定了会计核算信息化的功能结构。企业的管理要求是在一定的历史条件下会计环境在具体企业中的主观体现。文化观念不同，阅历和经验、管理思想不同，会计信息的使用者的要求不同，会计核算的方法、程序就有可能不同。因此，会计核算信息化的功能结构是上述各种因素综合作用的结果，实践中对会计核算信息化功能结构的划分自然也不会有统一的模式。

2. 会计核算信息化功能结构的一般描述

基于上述思考，结合目前会计信息化过程中我国会计核算信息化软件的现状，将会计核算信息化功能结构划分为账务处理、工资核算、采购与应付账款核算、存货核算、固定资产核算、成本核算、销售与应收账款核算、会计报表编制等几个模块。它们之间以账务处理模块为核心，通过转账凭证这一接口连接在一起，构成一个完整的会计核算信息系统。

（1）账务处理

账务处理模块负责完成全部的制证、记账、算账、转账、结账工作，生成日记账、总账以及除各模块生成的明细账之外的所有明细账。具体来讲，账务处理主要应提供和支持以下功能：用户根据自己的需要自由定义会计科目、凭证类别、会计期间以及修改会计科目等，从而建立适合自己单位的账务处理应用环境；提供对劳动计量、时间计量和货币计量同时核算的功能；提供外币核算和核算方式定义的功能；提供严密的制单控制、常用会计凭证和常用摘要调用、单据及明细账查询以及自动生成红字冲销凭证的功能；提供严密的凭证管理、审核功能，实现标准会计凭证格式的引入引出，完成不同站点间会计凭证的传递；提供对各种会计凭证、会计账簿的管理功能；提供自动完成月末分摊、计提、转账的功能；提供银行账、往来账、项目账、部门账的对账和管理功能。

（2）工资核算

工资核算模块完成工资的计算、工资费用的汇总和工资费用的分配等工作，生成工资结算单、工资条、工资结算汇总表、工资费用分配汇总表、票面分割一览表、职工福利费计提分配表、个人所得税计算表等，并自动编制机制转账凭证传递给账务处理模块。

（3）采购与应付账款核算

采购核算提供以下日常业务的核算和辅助功能：录入或导入采购订单，查询订单汇总表、采购执行汇总表、明细表、对供应商发出催货函等；处理采购入库、委托代销商品入库、填制相应的入库单；可以人工或自动处理采购结算；自动生成采购记账凭证，并转入账务处理模块。应付账款核算可以帮助企业有效地管理每一笔业务的应付账款，提供分供应商和产品的统计分析；由录入或导入的单据形成应付款项，处理应付项目的付款和转账；自动生成应付项目的记账凭证，并向账务处理模块进行传递；提供对应付款项的各种查询分析。

（4）存货核算

存货主要包括原材料、在制品和产成品类。存货核算模块应提供如下功能：及时准确地反映采购业务的发生、货款的支付及存货的入库情况；正确反映存货的收发结存数，提供存货的库存动态情况，及时反映各种存货的积压和短缺信息，生成存货明细账、存货库存信息表等；根据各部门、各产品领用存货的情况，自动进行材料费用的分配，生成存货费用分配汇总表；自动编制机制转账凭证，传递给账务处理模块和成本核算模块。

（5）固定资产核算

固定资产核算模块能够通过自动或人工方式录入固定资产核算的原始资料；系统能够实现固定资产卡片管理、固定资产增减变动核算、折旧的计提与分配等工作，生成固定资产卡片、固定资产统计信息表、固定资产登记簿、固定资产增减表、固定资产折旧计提表，并自动编制机制转账凭证供账务处理系统调用。

（6）成本核算

成本核算与企业的生产经营特点、生产工艺过程、成本管理要求密切相关，如果这些方面不同，成本核算方法也就不同，相应地成本核算的处理程序和功能也各具特色。但是，一般来讲，成本核算模块完成各种费用的归集和分配，计算产品的单位成本和总成本，并为成本管理和利润核算提供相应的成本数据。

（7）销售与应收账款核算

销售核算模块一般要和存货核算中的产成品核算相联系，实现对销售收入、销售费用、销售税金、销售利润的核算，生成销售明细账、发出商品明细账、应收账款明细账、销售费用明细账、销售成本明细账、销售利润明细表以及销售收入、销售成本、销售税金、销售利润汇总表等，并自动编制机制转账凭证供账务处理子系统调用。与销售核算相联系的是应收账款的核算，该模块完成应收账款的登记、冲销工作，动态反映各客户信息即应收账款信息，还可进行应收账款的账龄分析和坏账准备金的计算与核算。

（8）会计报表编制

会计报表编制模块实现各种会计报表的定义和编制，并可进行报表的汇总和合并。该模块生成的会计报表包括对外会计报表（资产负债表、利润表、现金流量表及其附表等）和对内会计报表（费用报表、成本报表等）。

3. 会计核算信息化各功能模块之间的依存关系

一个完整的会计核算信息化系统是由若干个模块构成的，这些模块包括账务处理、工资核算、采购及应付账款核算、存货核算、固定资产核算、成本核算、销售及应收账款核算、报表编制等，而在所有这些模块中，账务处理模块处于核心位置。这是因为，一方面会计信息系统所提供的企业用于微观管理和国家经济管理部门进行宏观管理所需要的会计信息，都必须经过账务处理模块对企业发生的交易或事项进行加工处理后才能取得；另一方面账务处理的起点是会计凭证，从它和各模块之间的关系的角度来讲，会计凭证就是记账凭证。各业务模块对原始凭证进行汇总处理后，编制机制记账凭证，传递给账务处理模块进行账务处理，然后再经过报表编制模块生成财务会计报告。可见，记账凭证是各业务模块和账务处理模块之间的接口，会计报表是会计核算信息化系统和会计信息用户之间的接口。从这个意义上说，账务处理模块是会计核算信息化系统的核心模块。

4. 会计核算信息化各功能模块之间的数据传递联系

会计核算信息化系统是一个整体，按照系统功能结构划分的原则将会计核算信息化系统化分为若干个模块是从研究和实现的角度考虑的。会计核算信息化系统各模块之间的划分是相对的，联系是绝对的。这一结论的理论依据是：首先，企业组织会计信息系统的对象是资金及其运动，而资金及其运动是一个整体；其次，现代会计核算信息化系统的特征是复式记账，复式记账的特点就是对企业组织发生的交易或事项进行相互联系的记录和反映。会计核算信息化系统各模块之间的这种联系是通过数据传递联系来实现的，或者说资金及其运动映射为数据传递联系。以下讨论的是几个有关数据传递联系的问题。

（1）数据传递联系以控制联系为前提，控制联系是数据传递联系的基础

数据传递联系是指一个子系统（或模块）的数据输出作为另一个子系统（或模块）的数据输入，供其加工处理，实现数据共享。控制联系是指一个子系统（或模块）的状态输出对另一个子系统（或模块）的状态、行为产生的影响。认识数据传递联系和控制联系是实现数据共享的基础，数据传递联系和控制联系的程度越高，数据共享的程度也就越高。当各个子系统（或模块）单独使用时，子系统（或模块）所需的数据都是通过人工输入计算机的，一个子系统（或模块）不能直接利用其他子系统（或模块）的输出数据。其结果是数据输入的工作量大，影响了会计信息化的程度。当人们总体考虑会计信息系统的构成时，就有可能正确处理控制联系和数据传递联系，也就提高了会计信息系统的数据共享程度。

（2）与数据传递联系相联系的概念，还有源子系统（或源模块）和目标子系统（或目标模块）

源子系统（或源模块）是指产生接口数据的子系统（或模块），即数据联系的起点。目标子系统（或目标模块）是指利用接口数据的子系统（或模块），即数据联系的终点。将数据传递联系的原理应用在会计核算信息化系统中，进行抽象、概括，可得出会计核算信息系统各子系统（或模块）之间的数据传递关系。

（3）在数据传递联系中，需要阐述的另一个问题是接口数据的存储方式

由上述数据传递联系的原理可知，在数据传递中有三个要素：源子系统（或源模块）、数据传递方向和目标子系统（或目标模块）。贯穿于三者之间的是数据及其流动，显然数据只能存储于源子系统（或源模块）或目标子系统

（或目标模块）。因此，接口数据的存储方式也就有两种。一是接口数据存储于源子系统中，这种方式适用于接口数据是源子系统的主文件的情况，如产品单位成本应存储于成本核算子系统，而非产成品及销售子系统。二是接口数据存储于目标子系统中，这种方式适用于接口数据不是源子系统的主文件的情况，如工资转账凭证不是源子系统主文件数据。因此，尽管它产生于工资核算子系统，但每月都要传递给账务处理子系统，并在其中保存。

第二节 出纳信息化

出纳信息化是信息时代会计管理信息化新的发展方向，将出纳与信息技术有机结合，顺应了信息时代的发展趋势。在网络环境下，出纳信息化能够有效解决信息孤岛现象，提高企业的决策能力与管理水平，提高企业竞争力。

一、出纳信息化概述

（一）出纳信息化的概念

出纳信息化是指将会计信息作为管理信息资源，全面运用以计算机、网络通信为主的信息技术对其进行获取、加工、传输、应用等处理，为企业经营管理、控制决策和经济运行提供充足、实时、全方位的信息。出纳信息化是将计算机、网络、通信等先进的信息技术引入会计学科，与传统的会计工作相融合，在业务核算、财务处理等方面发挥基础作用。

（二）出纳信息化的特征

1. 普遍性特征

出纳信息化要将信息技术全面地应用于出纳的所有领域。准确地说，在现阶段，出纳信息化仍以传统出纳理论为指导，仍没有对传统出纳理论进行修正与更新，更没有建立起适应信息技术发展的出纳理论体系。然而，出纳信息化要求在理论层面、工作层面普遍推广并形成完整的、较为成熟的应用体系。

2. 集成性特征

为了支持出纳信息化中新的组织形式与管理模式，出纳信息化会调整、重构传统出纳的组织形式与业务处理流程，最终实现信息集成化。信息集成化包括会计领域、企业内部以及企业外部利益关系人的集成化。会计领域的信息集成化是指财务会计与管理会计之间的信息集成化，能够协调和解决会计信息真实性和相关性的矛盾；企业内部的信息集成化是指企业内部财务业务的一体化，能够实现业务信息与财务信息的无缝连接；企业外部利益关系人的信息集成化是指企业与外部信息的高度共享与信息集成。

3. 动态性特征

出纳信息化的动态性特征主要表现在出纳信息采集的动态性、出纳信息处理的实时性以及出纳信息发布的实时性与动态性三个方面。

出纳信息采集的动态性是指出纳信息的采集是动态的。无论是企业内部的数据还是企业外部的数据，抑或是局域数据还是广域数据，数据在产生后都会自动存入相应的服务器并被传送到会计信息系统中等待处理。

在出纳信息进入会计信息系统后，立刻就会有相应的处理模块对输入的出纳信息进行分类、汇总、计算、分析等操作处理，使出纳信息能够实时地、动态地反映企业的财务状况与经营状况。

出纳信息采集的动态性及出纳信息处理的实时性使出纳信息的发布具有实时性与动态性特征，使出纳信息的使用者能够及时获取动态的出纳信息并作出相应的决策。

4. 渐进性特征

运用信息技术重构出纳模式是一个具有主观能动性的渐进的改造过程。首先，实现出纳核算的信息化。建立核算型会计信息系统是信息技术适应传统出纳模式的过程。其次，实现出纳管理的信息化后，传统出纳模式、出纳理论、出纳工作方法会出现局部细小的变化，以适应信息技术的应用；信息技术在出纳工作中的运用范围扩大，是信息技术与传统出纳模式相互适应的过程。最后，上述两个过程奠定了出纳模式重构的基础，全面实现出纳信息化，即出纳核算信息化、出纳管理信息化以及出纳决策支持信息化。

（三）出纳信息化的意义

出纳信息化的概念在我国提出的时间较晚，因此我国对这一概念的解读仍不够深入。但无法否认的是，出纳信息化随着信息化的不断发展终将成为不可阻挡的趋势，出纳信息化无论是在理论层面还是在实践层面都将对会计管理信息化产生重大影响。

第一，出纳信息化的实现使会计信息系统真正成为企业管理系统的一分子。涉及企业各项业务的信息都可以直接从企业内部系统与外部系统中直接抽取，并自动汇总到会计信息系统进行处理。会计自此将打破传统会计记账、算账模式的局限，充分发挥其管理控制功能。信息使用者可以随时在会计信息系统中获取动态的、准确的数据信息，合理预测企业未来的财务形式，作出适合企业管理和未来发展的科学决策。另外，对于会计假设而言，信息化时代背景下的会计主体不仅包括拥有资金和厂房的现实企业主体，而且包括互联网上的虚拟公司和网络公司。为了实现特定的目标，这些企业会暂时结合在一起，待目标实现后再解散。总之，出纳信息化实现了企业内部网络与外界网络的互联，使用者可在经过授权后随时通过会计信息系统获取出纳信息。

第二，信息技术的应用有效增强了出纳信息的及时性，对提高出纳信息的预测价值和反馈价值、加快出纳信息流动速度、提高企业财务管理水平具有重要意义。此外，会计信息系统能够避免徇私舞弊的情况发生，增强出纳信息的真实性与可靠性，提高出纳信息质量。

21世纪是科技大发展、知识大爆炸的时期，在充满机遇和挑战的社会大环境下，出纳人员既要熟练掌握出纳基本原理与会计电算化技术，还需要学习通信技术、决策过程、组织与行为观念等方面的基本理论。出纳信息化是一种全新的出纳理论与观念，是现代信息技术与出纳有机结合的产物，是出纳在信息化时代发展的必然趋势。出纳人员要紧跟时代潮流，把握趋势，勇于接受挑战，推动我国出纳信息化的发展。

二、出纳信息管理系统功能分析

（一）出纳信息管理系统概述

出纳信息管理系统最基础的功能就是系统管理，主要包括用户管理、权限管理、模块设置、参数设置四个部分。其中，用户管理、权限管理与其他系统没有太大差异；模块设置是一个预留功能，可以通过添加模块的方式，为系统添加与已有功能类似的功能模块，方便在调整日常业务结构后，及时简便地在系统中调整具体业务；参数设置包括对系统基础运行参数的设置和基础资料的设置，方便日后系统扩展和维护工作的开展。

在系统管理中，系统管理员拥有最高权限，其他的部门领导等也具有添加用户、添加权限、添加栏目、参数设置功能的权限。系统管理员可以在权限管理中给其他用户赋予相应的权限，这些用户也可以继承他们的子用户所拥有的权限。当新添加的栏目属于某个已有栏目的子栏目时，原来已有栏目的管理者对新添加的栏目同样具有管理权限。系统管理员对于自己管理权限内的信息和栏目都可以进行添加、编辑、修改、删除的工作，但当栏目中有保留数据时，栏目不能直接被删去，必须要清除相关数据后，系统确认栏目内容为空时，才能够删除栏目。对数据部分的操作只能通过访问数据服务器并发出相应指令才能进行，防止因为误操作造成的损失。对于系统参数和基础资料，只有系统管理员才能设置。系统管理员可以设置多个和自己拥有相同权限的管理员账户，但只有根账户才能够删除其他管理员账户。

（二）出纳账簿管理系统

在出纳信息管理系统中，出纳账簿管理系统主要是管理现金、银行存款和零余额三种资金的收支情况。因此，出纳账簿管理系统根据出纳的业务预置了三种账簿：第一种是现金账簿，主要管理基本户现金和零余额现金；第二种是银行账簿，主要管理基本户、公积金、住房补贴、加油户的专款账户；第三种是零余额账簿，主要管理财政拨付的额度账户。对于账户的操作还有很多，可以细分，具体细节大同小异，在此不再赘述。

（三）票据类型管理系统

出纳工作常会与各种银行票据打交道，如银行汇票、本票、支票等。为了有效管理票据，出纳信息管理系统需要提供票据类型管理功能。票据类型管理系统应支持对应收票据信息的查询、新增、修改及删除等，支持对应收票据的状态进行维护；在添加相关票据信息时，应可以对票据号码、票据介质、票据类型、票据金额（最小值、最大值）、出票人、承兑人、票据状态、前手客户名、收票起始日期、收票截止日期、票据到期起始日、票据到期截止日等进行操作；在修改票据时，应可以对票据号码、票据介质、票据类型、票据金额、出票日、到期日、出票人、承兑人、前手客户名、票据状态等进行维护。

（四）支票管理系统

支票管理系统包括支票购买、支票录入、支票管理、批复意见管理四部分，这四部分内容是通过对日常票务管理工作进行抽象和分析总结而来的，基本上覆盖了日常票务管理所遇到的问题。无论是支票的购买、记录、核销，还是作废、标注、批复等，都可以在支票管理系统中进行管理。

第三节 账务处理信息化

账务处理子系统的构建是账务处理信息化的核心，不仅具备账务处理的功能，而且能为其他系统提供数据处理功能。建立优良、高效的账务处理子系统是会计管理信息化的关键环节。

一、账务处理子系统概述

（一）账务处理子系统的特点

相比于其他会计子系统，账务处理子系统具有规范性强、一致性强、综合性强、准确率高的特点。

复式记账法是全球通用的会计记账方法，也是账务处理子系统的基本原理。企业会根据自身业务量选择相应的登记总账的方法，但账簿最终的格式大致相同。正是因为账务处理子系统具有极强的规范性与一致性，软件市场上才随处可见各式各样的账务处理系统软件包。企业在建立会计信息系统时也可以考虑选用账务处理系统软件包，以节约系统开发成本。

账务处理子系统是会计信息系统的核心，以货币为主要计量单位，能够全面、综合、系统地反映出企业供、产、销的情况，具有强大的综合性与概括性。账务处理子系统生成的报表能够准确地反映出企业全部的经营状况与财务状况。此外，账务处理子系统还是会计信息系统中各子系统之间交换数据的平台，既能接收其他子系统的记账凭证并自动记账，又能向其他子系统传输需要的账目数据。通过账务处理子系统能将会计信息系统中其他子系统进行有机结合，形成一个完整、有序的会计信息系统。

账务处理子系统生成的财务报表非常重要，不仅要提交给企业的投资人和债权人，还要向国家财政部门、税收部门、审计部门等政府部门和银行部门提交。报表数据错误会造成严重影响和重大损失，因为企业的投资人和债权人会根据报表数据评估企业的经营状况、制定投资决策；财政部门会根据报表数据统计经济指标、制定经济方针与政策；银行根据报表数据对企业资金的使用进行监督。因此，账务处理子系统的正确性是确保报表数据真实性、正确性的基础。此外，要从根源上保证报表数据的准确性。报表的数据来源是账簿，账簿的数据来源是各种单据凭证。因此，从单据凭证开始就应加强对数据准确性的控制，强化账务处理各流程环节的监控，避免错误的发生。

（二）账务处理子系统的功能

1. 初始化功能

账务处理子系统具有较强的通用性，不仅能反映出会计核算与账务管理的一般性特征，又能良好地适应不同企业、部门的业务特点。账务处理子系统的初始化功能就是企业应用账务处理子系统之前必须进行的初始化设置工作。通常在账务处理子系统软件终端包含初始化功能模块，可以设置科目、凭证类型、装入初始余额、分配不同工作人员的使用权限等。科目设置是向系统描述会计核算过程中使用的各项科目，科目的设置结果要保存在科目文件中。科目设置是会计管理的基础，在科目设置模块中，财务管理人员可以根据自身业务特点设计需要的会计科目体系。凭证类型设置与科目设置没有较大区别，其实际上是对凭证类型的管理，在设置完成后需将设置结果保存在凭证类型文件中。大多数账务处理子系统的凭证类型功能设置都比较全面，财务管理人员可结合自身业务特点选择相应的凭证类型。

2. 凭证处理功能

凭证处理功能包括凭证的输入、审核、查询、打印等日常处理工作。

凭证输入即将凭证录入账务处理子系统中。财务管理人员在录入过程中可以进行编辑与修改，完成录入后需检查录入结果，确认正确无误后保存在凭证文件中。

凭证审核是指对录入凭证的正确性、有效性、合法性的综合审核。凭证审核的目的，一是查找凭证输入过程中无法发现的如借贷反向、借贷金额同增同减等错误；二是向审核完全无误的凭证添加一个审核标记，确保只有具备审核通过标记的凭证才能入账。凭证通过审核后不能进行修改、删除等操作，只有设置取消审核后方可进行，取消审核的操作只能由审核人操作。通常凭证审核模块有两种审核方式：一种是静态屏幕审核方式，另一种是二次输入审核方式。在凭证审核模块中，录入人与审核人不能是同一个人。

在查询打印凭证功能模块中，无论是未经审核的凭证还是已审核通过的凭证，都可以进行查询和打印。使用者还可按照日期、凭证类型等定义查询、打印的范围。

3. 记账与结账功能

在账务处理子系统中，记账和结账是两个重要环节。

记账是账务处理子系统根据凭证文件或通过审核的临时文件更新账务数据库文件，之后自动生成制作账簿和报表的各项信息。实际上，记账的过程是较为复杂的，不仅设计多个数据库文件，还需妥善处理传递关系，对数据进行加工。因此，传统的手工记账十分容易发生错误，且工作量巨大，耗时长。在账务处理子系统中，记账工作基本全部由计算机完成，不仅提高了工作效率，还能够有效避免传统手工记账中容易出现的错误。此外，账务处理子系统还提供了灵活多变的记账方式，使用者可根据自身业务特点选择记账方式，既可以每制作一张凭证就记一次账，也可以一天一记、一天数记、数天一记。记账模块的处理流程也可以根据不同的数据流程任意选择。记账模块的处理流程大致包括四个步骤：记账凭证的平衡性检验、记账前的数据备份、开始记账、关闭所有文件并结束记账。

结账功能是一种只能在结账日使用的批处理，根据企业要求在结账期进行转账业务处理与结算。若为月结则需标记结账当月的期末余额，若为年结则需做年处理。在账务处理子系统中可进行跨月记账，如上个月没有完成结账，仍可以输入这个月的凭证并进行记账。结账的处理流程大致可分为三个步骤：结账前状态的保护、结账前的必要检查以及结账处理。

结账前状态的保护是指在结账前将所有数据进行保护性备份，避免因操作错误或其他突发状况中断结账操作时引起的系统混乱、账目混乱等。实施账目前状态保护后，即使结账过程中发生系统混乱的情况，账务处理子系统也能在系统恢复正常后还原到记账前的状态，继续进行记账。

结账前的必要检查主要包括检查上个月是否未结账以及本月是否存在未记账的凭证。若上个月未结账或本月有未记账的凭证，则不可进行本月结账工作。

结账处理的主要工作内容是为结账的凭证添加结账标志，已经结账的月份不能再输入凭证和记账。如果结账的月份为12月，在结账后还应生成下一年的空白账簿文件并结转年度余额。

4. 账表输出与关系服务功能

账表输出功能是指对账务数据库文件进行排序、汇总等处理后，向企业管理层和会计部门输出所需账表的过程。账表的输出方式主要有三种：打印输出、磁盘输出以及屏幕显示输出。可输出的账表类型主要有总账、明细账、日记账、对外报表、综合查询结果。综合查询是账表数据输出的一个特殊形式，是一种财务管理人员通过输入指定条件从相应的数据库文件中获取所需记录数据的方式。这里所说的指定条件既可以是单项条件，如日期、经手人、审核人、支票号等，也可以是几个单项条件组合成的组合条件。

子系统服务功能主要包括口令密码的修改、会计数据的备份与恢复、系统日常维护等。

口令密码是使用者在账务处理系统中使用的授权口令。使用者在通过系统授权后会获得一个初始口令密码，为防止泄密，使用者需修改初始口令密码并定期更新。

会计数据的备份与恢复是为降低会计信息系统软、硬件故障而进行的保护性备份。通常做法是将存储在硬盘上的数据备份到软盘上。在进行数据备份时，需给出备份数据字节、所需时间、备份进程等相关提示。在进行数据恢复时需提前确认，谨慎操作，这是因为数据恢复会将现有账务环境完全覆盖，为避免再次造成数据损失，可设置恢复密码、恢复日期的核对等功能。

系统日常维护功能的作用就是对系统磁盘空间进行管理，及时排除故障、消除计算机病毒等，确保系统正常、有序、高效地运行。

5. 辅助管理功能

在账务处理子系统中，除必要的会计核算功能模块外，还提供了一些辅助管理功能。例如，银行对账功能，除提供了多种对账方式外，还具备自动获取对账单、输出对账结果、删除已达账项等功能；往来核算与管理功能，可建立往来单位通讯录，查询往来记录、往来核销记录、设置期初未达往来账等；项目核算与管理功能，通过项目定义、项目账表输出等方式进行成本管理与收入核算；自动转账功能，能够定义自动转账分录、自动生成转账凭证、自动获取外部数据等。

（三）账务处理子系统与其他会计核算子系统的关系

与账务处理子系统关系较为密切的其他会计核算子系统主要有工资核算子系统、固定资产核算子系统、材料核算子系统以及成本核算子系统等。

1. 账务处理子系统与工资核算子系统的关系

工资核算子系统用于企业职工工资及福利基金的核算，根据职工数据及其他相关数据核算职工工资，如应发工资、实发工资、福利基金等，核算结果汇总后转送至相关部门。工资处理子系统涉及银行存款、职工工资核算、企业管理费等科目的总分类核算，需向账务处理子系统传送记账凭证。

2. 账务处理子系统与固定资产核算子系统的关系

固定资产核算子系统根据固定资产的各项数据，如固定资产的增加或减少、修理费用、折旧等制作成记账凭证，并向账务处理子系统提供不同科目的总分类核算数据，如固定资产数据、在建工程数据、无形资产数据等。账务处理子系统会根据这些数据制作总账和明细账。

3. 账务处理子系统与材料核算子系统的关系

材料核算子系统根据外购材料的采购凭证、收入凭证和发料凭证，计算材料采购的成本（计划成本与实际成本）、成本差异以及材料领取的内部转账凭证，按规定编制相关凭证并向账务处理子系统传送分类科目的记账凭证。

4. 账务处理子系统与成本核算子系统的关系

成本核算子系统对其他子系统的费用类数据进行汇总与整理，按照一定的标准分配到各车间、各产品中去。成本核算子系统的数据来源于多个子系统，如工资核算子系统、材料核算子系统、固定资产核算子系统等。成本核算子系统会将费用类数据的记账凭证传送到账务处理子系统中，登记总账和明细账。

二、账务处理子系统的设计

（一）账务处理子系统的设计原则

账务处理子系统的设计，一方面要实现其基本功能，满足核算的各种需求，另一方面要考虑到系统的适用性、易用性以及可维护性等其他性能指标。账务处理子系统既要具备前面所述的各种功能以满足不同部门的需求，又要考虑是否与企业管理系统与会计信息系统相适应，便于相关人员操作和使用，并且易于维护。在设计账务处理子系统时应遵循以下原则。

1. 合法性原则

我国先后颁布了一系列会计相关的法律法规以规范会计工作，保障会计人员的合法职权，充分发挥会计在强化经济管理、提高社会经济效益中的重要作用。因此，在设计账务处理子系统时，各模块的功能、使用的专业术语、界面设计等都应严格按照国家相关法律法规的规定执行。

《中华人民共和国会计法》是规范我国会计活动的基本法，其他的会计法规和制度都以此为基础。《中华人民共和国会计法》对会计核算、会计监督、会计机构、会计人员、法律责任等方面都作出了详细规定。

会计准则规定了会计活动的总的原则和标准规范，是所有会计制度的总概括。会计准则是行业会计制度的依据，行业会计制度规定了行业会计核算的标准，为行业会计核算提供了依据。账务处理子系统的软件设计必须严格遵守会计准则与行业会计制度的规定。

2. 满足管理需求及不同核算需求

企业的规模大小、管理模式不同，会计管理形式与会计核算形式也应有所不同。根据企业会计特点专门设计的会计核算软件能够满足企业的会计需求，但通用会计软件则只考虑到不同的核算需求和管理需求。随着市场经济的发展，企业规模的扩大，企业的管理要求在不断提高，即便使用专门设计的会计核算软件，也应将会计核算形式的变化考虑进去。

（二）账务处理子系统的数据流程设计

通过分析企业账务处理任务可以得到账务处理子系统的基本数据处理流程。账务处理子系统的数据处理流程包括五个步骤：建账、记账凭证的录入与审核、凭证分录、自动转账以及结账。

1. 建账

建账是账务处理系统日常工作的第一步，主要工作内容是建立初始账户，并对账户进行相应的设置，如输入科目编码及名称、设置账户余额等。

2. 记账凭证的录入与审核

录入的记账凭证需保存在记账凭证库中，记账凭证需通过复核后方可记账。日记账、明细账、专项账可根据记账凭证直接登记，总账需先进行科目汇总再记账。在一个会计月份中可多次记账，后一次记账会在前一次记账的结果上进行。记账后，记账结果便可在账簿中进行查询、打印等操作。原则上讲，记账凭证在登记后便不可进行修改，但在实际工作中，为了增强系统的灵活性，只要报表账簿没有正式输出都可以撤销记账，使凭证恢复到记账前的状态，对修改后的凭证重新记账。因此，只有月末结账正式输出后的账簿才是真正有效的。

3. 凭证分录

不同的科目要分录到不同的账目中，如现金科目应记入现金日记账，存款科目应记入银行往来日记账。

4. 自动转账

完成记账后，系统会自动在相关账户中提取数据并生成转账凭证，进行自动转账。

5. 结账

结账是在完成最后一次记账后进行的操作。在结账时，记账凭证库会作为后备处理，之后清空数据库，为下个月记账做准备。对科目数据库、银行对账库、账簿数据库等，系统也会进行相同操作。在数据库清空后，如果发现上月凭证中存在错误，应在当月凭证中用红字凭证冲销上个月的错误凭证。

账务处理子系统与会计信息系统中的其他子系统可进行数据互联，能够互相从对方系统中读取数据。

（三）账务处理子系统的业务流程设计

账务处理子系统的基本业务处理过程大致上可分为系统初始化阶段和日常账务处理阶段。在系统初始化阶段可进行参数设置、科目设置、科目类型设置等基础性设置，还具有输入账户余额、客户往来账余额等功能。日常账务处理阶段一般以月为基本单位。一个月的账务处理流程完成后便可进行下个月的账务处理业务。日常账务处理的主要内容有：输入记账凭证，可根据实际情况对凭证进行修改；对录入的凭证进行复核；进行科目汇总和记账；月末时进行试算平衡、转账、对账和结账；账簿与报表的打印；银行对账。其中，凭证复核、记账和结账是日常账务处理的关键环节。在实际工作中，为了保证账务处理子系统的灵活性，应允许取消复核、取消记账、取消结账的操作，使凭证恢复到之前的状态。当然，这些取消操作都由有权限的专人进行。

（四）账务处理子系统的科目编码设计

1. 账务处理子系统科目编码的设计

账户编码是账户的主关键字，在账务处理子系统中，通过科目编码可以很容易地识别各账户以及各账户凭证中的各分录。此外，科目编码是账务查询的关键依据。科目编码的重要性决定了科目编码设计的重要性。编码需具备一定的结构性、代表性，才能方便使用者的应用。

2. 账务处理子系统输入界面的设计

账务处理子系统应设有各种输入界面，如记账凭证输入界面、科目信息输入界面等。根据账务处理业务来看，记账凭证输入界面应是使用率最高的输入界面。在记账凭证输入界面中还应设计收入、支付、转账以及通用记账凭证等不同模块以便使用者根据需要自由选择。

三、账务处理子系统的操作

（一）记账凭证的输入与控制

记账凭证的输入除了输入数据外，还可进行数据追加、数据删除、数据修改等操作，并对输入的记账凭证进行校验。在输入记账凭证时需遵守五点基本要求。第一，记账格式与凭证模式应保持一致。第二，确认记账日期，应为当前月份，记账凭证号应为连续号码。第三，确认输入科目是否正确。从理论上来讲，会计科目是在科目管理环节输入并确认过的，如果在科目库中没有找到要输入的科目，就允许在输入凭证的环节增加科目。第四，在记账凭证中，借贷方合计金额应是相等的。第五，如果输入的科目中包含辅助核算，应当输入辅助核算需要的信息。如在输入库存商品科目时，还要输入商品的数量、单价等信息[①]。

（二）明细账的记账过程

明细账是对总账核算内容的详细分类记录。明细账用于反映某个具体经济活动的财务状况，是对总账的补充和详细说明，同时也为会计报表的编制提供了重要的依据。明细账格式的三个基本要素是账目科目名称、业务发生日期和编号以及业务摘要余额，无论明细账采用何种格式编制都应以这三个要素为基础。

总账科目名称通常是会计法规定的一级科目，如果某个科目的明细较多，可以在总账科目下设置明细科目分别汇总。在大多数情况下，明细账都是按照时间顺序依次登记的，除此之外也可以按照业务发生的情况分别登记。编号是指记账凭证的编号，设置编号主要是为了方便查账和审核使用。业务摘要用于反映业务内容，因此摘要应简单明了。通常情况下，填写的摘要应当与记账凭证的摘要相同，但对于业务繁多且复杂的记账凭证，可以再分别写出其他摘要。在记账时，填写的金额应当与原始凭证上的金额以及记账凭证上的金额相同，同时还应特别注意借贷方向，切勿填错借贷方向。

① 赵金戈.企业财务管理信息化风险管控评估及控制探析[J].现代营销（上旬刊），2023（3）：89-91.

（三）月末处理过程

1. 自动转账的过程

在月末时，财务部门需编制转账凭证进行转账。传统的手工账务处理方式不仅耗费大量时间，还容易产生数据错误。在账务处理子系统中，账务处理基本全部通过计算机完成，到了月末，系统会自动从账户数据中抽取数据生成转账凭证进行自动转账。

在账务处理子系统中，要使系统在月末自动转账，首先要定义转账凭证格式，其中，转账公式是定义转账格式的关键项目。转账公式主要由转账函数构成，常用的转账函数有QC、QM、FS和JG。QC的意义为在指定科目中取给定期间的期初余额，QM的意义为在指定科目中取给定期间的期末余额，FS的意义为在指定科目中取给定期间的借方余额或贷方余额，JG的意义为取对方科目的和。完成转账格式的定义后，会在公式中出现相应的科目，如果该科目的记账凭证已经完成记账，系统就会执行自动转账程序。自动转账程序的转账凭证会根据相关账户的数据进行填制，填制完成的转账凭证会保存在记账凭证数据库中。转账凭证经过复核后即可进行记账处理。

转账公式的设置是自动转账实现的关键，系统会根据设置的转账公式自动从相应的账户中读取数据。在设置完转账函数后，系统会对转账函数进行分析，将函数参数放到对应的参数区中。之后，根据科目编码找出对应的数据库，如总账库、明细账库、日记账库等。系统再次对函数进行判断，并根据系统分析进行相应处理。如此反复，直到系统处理完所有的转账公式。

2. 对账的过程

对账的目的，一是检查记账的正确性，二是检验账簿的平衡性。对账即账簿数据的核对，其既是账簿与账簿数据的核对，也是账簿与凭证数据的核对。通常情况下，在账务处理子系统中，只要记账凭证的录入是正确的，那么记账后的账簿应是正确、平衡的。但计算机病毒、非法操作以及一些其他原因可能会破坏系统数据，造成数据不符的情况。账簿与账簿的核对能够检查账簿的平衡性，账簿与凭证的核对能够检查出是否存在记账错误。

3. 结账的过程

在本月所有凭证均已记账且自动转账、对账等均正确后即可进行月末结转。结转后意味着在月末，本月的所有凭证都已完成记账和自动转账，且经过对账确认无误后，便可进行月末转结。在结账时，本月记账已全部完成，输出的账簿与报表均已存档，本月的所有凭证将无法再进行修改。如果发现本月凭证中存在错误，只能在下个月记录一笔相反的分录将其抵消。本月的全部凭证将被储存到后备库中，记账凭证库与分录库将会清空，输入控制参数则确定为下个月的参数值。在结账的最后，需建立下个月的初始账簿。本月的月末置入下个月的初始账簿成为下个月的期初余额。若此时已有下个月的凭证在凭证库中，可以进行记账操作。在完成结转后，查询或打印本月的凭证可在后备库中进行。

（四）账务查询

1. 数据库查询的基本方法

建立会计信息系统的一个主要功能与目的就是对输入的凭证进行处理并保存为相关的数据形式储存起来，以便企业各部门、各层级能快速、精准地在系统中调取所需信息数据。数据库查询就是通过给定的关键字在数据库中查找与之相匹配记录的过程。账务查询主要涉及凭证查询、账簿查询以及报表查询。

凭证查询可通过凭证账号、记账日期、科目编码等进行查询。账簿查询既可以查询日记账户，又可以查询专项核算账户。日记账户的查询可通过记账日期、科目编码等查询账户的现金日记账、银行存款日记账等。专项核算账户的查询可通过记账日期、科目编码、往来单位编码等进行查询。报表查询可查看会计报表中的各项数据信息。

除了上面介绍的关键字查询和条件查询外，还可通过数据库查询语言的方式在数据库中查找信息。下面介绍数据库查询语言的数据库查询方法。

FOXBASE提供了多种查询方式与查询语句，其中LIST（DISPLAY）语句的使用最为简单，能够在指定记录范围内查询满足给定条件的记录信息，而且查询结果会直接输出到计算机屏幕上，还可进行打印操作。LIST语句的查询功能强大，但查询结果在屏幕上输出的格式不规范，这是LIST语句查询的最大缺点。解决的办法是使用LOCATE命令定位所需记录，使信息按照一定格式输出。

在数据库查询过程中，在设置了筛选条件后，系统会将不满足筛选条件的记录屏蔽起来，只显示满足筛选条件的记录，就像建立一个新的数据库一样。如果需在满足筛选条件的记录中反复查找，可使用FILTER语句，但使用FILTER语句在满足条件的记录中筛选有用信息的速度较慢，而且不建议使用FILTER语句进行一次性的查询。

如果要在比较大的数据库中进行查询，可使用FIND语句或SEEK语句。首先将查询关键字表达式建立一个索引，之后再使用FIND语句或SEEK语句进行查找。其中，FIND语句只能定位到相同关键字的第一个记录。

上面介绍的几种查询语句适用于同一时间的多个数据库的查询，在多数据库间建立关联可实现多数据库的查询。

2. 记账凭证的查询

由于记账凭证存放在凭证头库和分录库中，记账凭证的查询属于多数据库查询。在通过凭证编号进行查询时，应建立以记账凭证头库为主库的数据库关联，关联关键字为JZPZH。如此，在查找时，记录指针就会在记账凭证头库中自动移向JZPZH字段的内容。

3. 明细账簿的查询

明细账簿只储存在明细账数据库中，因此可通过关键字如科目编码、记账日期等进行查询。在实际操作中，明细账簿的查询多采用组合查询的方式。当输入组合查询条件后，要将查询条件转化为逻辑运算表达式，通过逻辑运算表达式查询所需数据信息。

4. 系统操作人员的操作规范

（1）设置操作人员的操作权限

设置操作人员的操作权限是加强账务处理子系统管理的重要手段，规定了操作人员的权责范围，有利于确保账务处理子系统内信息的安全、可靠。通常，权限的设置与分配以操作人员的岗位分工为依据。系统权限主要有以下几种：系统权限，能够设置人员的操作权限，管理系统操作日记及账套；建账权限，可设置会计科目，输入初始余额；制单权限，可在系统中填制记账凭证；审核权限，可对记账凭证进行审核，对自己审核过的凭证可进行撤销审核的操作；处理权限，可进行记账、自动转账、结账等操作；查询权限，可在数据库中查询信息，如总账、日记账、明细账等；往来权限，可管理往来账簿；银行权限，可与银行进行对账；数据权限，可进行数据的备份、恢复、索引、查询等操作。

在设计账务处理子系统时应注意，无论系统权限的划分方法如何，能够为操作人员设置操作权限的管理员只能由一人担任。

（2）口令设置

口令设置允许全部操作人员都有权执行。操作员口令与操作员姓名共同构成了操作系统安全使用的第一道防线，以防止无关人员非法登录或非法使用。

只有操作员口令密码与操作员姓名均输入正确方可允许进入系统。

操作员口令设置完成后会采用加密的方式保存在操作权限库中，以防口令泄密。同时，为增强口令的安全性，可规定口令密码的结构，如必须由数字和字母组成，定期更改口令。在系统中增加操作员时，系统管理员可设置一个默认口令或默认口令为空，之后由操作员自己设置口令密码。口令密码的设置与修改只能由操作员本人操作，不能由他人代替。

（3）操作员更换

在实际工作环境下，特别是在单机操作的环境下，会出现需要更换操作员的情况。为了增强系统的便利性与灵活性，在系统设计时应考虑在不退出系统的前提下更换操作员的情况。更换操作员的设计与系统登录设计比较相似，区别在于更换操作员不需要选择账套。

（4）操作日志管理

操作日志记录了系统的操作记录与运行情况，是系统日常维护与管理的依据。系统日志库会记录下使用系统的操作员的姓名、所选功能以及登录和退出系统的日期和时间。只有系统管理员具有管理操作日志的权限，可通过操作员姓名、操作日期、所选功能等关键字或条件在操作日志中查询信息。操作员在系统中的每一项操作都会记录在操作日志中，因此操作日志中的内容较多，可定期对操作日志进行备份，然后删除。由于操作日志也可以作为一种特殊的辅助账使用，操作日志的删除不可随意进行，应当与系统其他数据一样进行统一管理。在设计系统时，对于操作日志的删除可增设一些条件，如不单独提供操作日志的删除功能，只能同其他数据一同备份和删除；本年度的操作日志不可删除，往年操作日志可以删除；本月操作日志不可删除，其他月份操作日志可以删除；操作日志在打印前不可删除等。

第四节　报表合并信息化

一、报表合并的挑战

合并财务报表能够综合、全面、系统地反映企业的财务状况、经营成果和现金流量情况，为企业管理层与决策层提供重要信息，为投资人判断企业投资价值提供重要依据①。

（一）合并财务报表面临的四大问题

第一，集团企业各成员企业财务人员在手工处理合并报表时没有统一的标准，如报表格式、报表内容、统计口径、抵消规则等，每个成员企业在手工处理时都采用自己的标准操作，为财务合并与财务分析工作造成诸多不便。此外，各企业的财务管理人员在个人能力与知识水平上也存在差异。

第二，随着集团企业规模的扩大，成员企业的数量增多，有的还包括海外成员企业，合并报表的工作量巨大，海外企业还需同时满足国内与国外的会计准则，财务披露信息的质量与频率要求也更高。

第三，Excel是主要的报表文件格式与报表分析工具，但通过Excel制作、分析报表的工作量巨大，需要花费大量的时间成本和人力成本。除此之外，用Excel文件存储数据不方便查询和比较历史信息。

第四，报表分析是合并报表的重点内容，但如果财务管理人员花费更多的时间和精力用于整理、制作报表，则本末倒置，从一定程度上来看这是一种资源的浪费。

（二）财务报表工作的目标

第一，财务报表工作的规范化。要统一规定集团法定财务报表合并与事业部财务报表合并的方法和流程，最终实现财务报表自动合并。同时，逐步建立规范化的财务信息发布中心，统一集团企业财务对内与对外信息的发布。

第二，财务报表工作的透明化。要逐步消除财务信息“孤岛化”，提高财务信息的透明度，建立财务数据共享平台。同时，提高财务数据的利用率，充分挖掘财务数据的利用价值，提高财务数据的利用程度，实现同一财务数据能产生不同角度的信息，为不同的使用者提供数据依据。

第三，财务报表的全球化。随着经济全球化的程度不断加深，集团企业整体管理与经营都会顺着时代发展的趋势产生变化。财务报表的全球化既满足了集团股权、集团法人架构以及管理架构的变化，又加强了集团企业的财务管理，特别是对合资企业、海外企业的财务管理。

第四，财务报表的实时化。信息的传输效率与反馈效率决定了财务报表合并的周期，只有提高信息的传输效率和反馈效率才能实现及时地为管理决策提

---

① 马宁.新形势下商业企业财务管理信息化风险管控工作探析[J].质量与市场，2023（10）：37-39.

供准确的财务信息。

二、报表合并系统的功能特点

（一）报表合并系统的框架结构

报表合并系统的框架根据企业合并范围的大小划分出多个级别，上至集团总部层级的用户，下到企业基层的会计核算主体。

基层合并主体的主要操作内容是从核算系统和ERP系统中调取数据，对数据进行加载、计算、校验等相关操作后向上一级合并主体上报数据，并通过手工录入系统录入数据和补充数据。总部层级与中间层级合并主体的操作内容基本相同，主要负责对下级上报的报表和数据进行审阅，调整下级主体的数据，审批下级主体上报的报表数据与本级的相关财务计算，如币种转换、合并、抵消等。

（二）合并报表系统流程

系统根据提交的报表数据和内部交易的明细数据合并报表。如果上级主体调整了下级主体的数据，应以调整分录的方式将其保存在系统中。系统会根据币种、准则计算多套报表数据并进行存储。

（三）合并报表软件系统的主要功能

合并报表软件系统的主要功能有：币种的转换与汇率的维护；企业间内部交易的对账和抵消，主要通过建立抵消关系来实现，反映企业间的往来科目和差异科目；填制调整分录和抵消分录；计算持股比例；调整组织关系和投资关系；实现国内会计准则与国际会计准则的转换，如国际会计准则、美国会计准则等；开展财务报表的流程管理与审计追踪。

第四章　企业成本、固定资产、全面预算管理信息化

第一节　成本管理信息化

一、成本管理的目的及内容

（一）成本管理的目的

传统的成本管理以节约为目的，强调成本的节省。节约成本是企业成本管理的主要依据，降低生产经营成本，尽量避免某些费用的发生都是成本管理的内容①。

在市场经济与企业管理理念不断创新和发展的背景下，成本管理的目的是提高成本的投入产出效率。在成本效益观念的思想指导下，根据投入与产出的对比可以判断投入成本的必要性与合理性，换句话说，就是如何投入最少的成本获取最大的经济效益。

（二）成本管理的内容

传统成本管理的重点是产品物料成本的管理，同时加强对生产过程中的成本分析与成本控制。现代成本管理与传统成本管理相比取得了重大突破，其

① 贺兴星.大数据时代国有企业财务管理信息化建设的措施探讨[J].中国经贸，2023（11）：113-115.

管理范畴不再局限于生产过程，还包括市场、销售和研发，甚至延伸到售后服务。也就是说，成本除了产品物料成本外，还包括研发成本、营销成本、物流成本、售后成本等。同时，现代成本管理更加关注非物质成本的管理，如人力资源成本、产权成本等。

总的来看，现代成本管理涉及的对象多，不仅包含生产成本、采购成本等物质成本，还包括人力资源成本、产权成本等非物质成本，涉及从生产到研发、销售以及售后等多个环节。企业可以通过成本管理分析产品盈利情况、销售情况等，从而作出产品组合决策、定价决策等一系列决策。

成本管理的过程可分为成本核算与成本控制两个部分。成本核算是成本控制的前提，有了准确的成本核算信息，成本控制才能有的放矢，从而有效提高成本投入的产出效率，获得更高的收益。

（三）成本管理的方法

一是价值链分析法。该方法将价值链分解为与企业战略有关联的各种经营活动，了解成本的特性，分析产生成本差异的根源。

二是目标成本法。该方法在设计、开发新产品或新服务时经常被采用，其能够使新产品或新服务具有较强的成本竞争力，在生命周期内取得预期利润。该方法有时也用于降低现有产品和服务的成本。

三是产品周期成本法。该方法用于计算产品、服务或品牌从研发到退出市场的总成本与盈利能力。

四是成本动因分析法。该方法用于分析影响作业成本的因素并为因素排序，可应用于不同层面的成本管理。

五是对象成本法。该方法是根据作业清单或流程清单计算产品、服务、品牌。

六是作业成本管理法。该方法是一种新的成本管理方法，对企业内部改进与价值评估等方面有重要意义。根据通过作业成本管理法获取的成本信息，可以实现对整个生产流程的成本控制。作业成本管理法的中心在作业的管理、分析和改造上，能够实现系统化、动态化，是具有前瞻性的成本管理方法。

二、成本核算信息化

（一）成本核算信息化的必要性

由于易受多种因素的影响，传统模式下的成本管理很难实现对各个环节的最佳管理。随着生产自动化的发展，产品的种类细化，产品分类复杂化，传统的以人力劳动为主的粗放型成本管理方法已无法适应现代企业管理的发展和需要。现代企业需要一个既能对成本实施全面监控、管理、协调与计划，又能实现企业各项业务活动都面向市场的集成化系统。成本核算信息化是经济全球化、知识信息化的必然要求，是顺应时代发展潮流的必然选择，也是提高企业市场竞争力与经营能力的必然要求。

（二）成本核算信息化的主要内容

1. 成本中心核算

成本核算信息化要支持成本预算、标准成本与实际成本之间的差异对比、成本报告与分析等。因此，有关成本的发生都应记录到相应的成本中心分别核算，有关数据则应同时或定期成批地传送到产品成本模块以及获利分析模块中进行进一步处理。

管理会计模块从财务管理人员获取基本数据和总分类的科目记账，同时记账凭证中的科目指定条款被扩大到不同的辅助科目。例如，科目可赋给成本中心或一个任务。如果一次性指定了多个目标科目，管理会计模块就会使用检查规则来确保只有一个影响成本的对象被记账，其余的则作统计管理。

除了初级成本之外，成本中心还能够记录相关的条目性质（数量、时间、单位等）。

成本中心使用外部会计系统，所有记账业务流程同它们的初级成本要素都能通过数据接口传送到管理会计模块中。

成本中心的数据可以独立保存，而与总分类账和明细分类账的归档期间无关。在保存期间，管理会计模块中的信息系统可以获取财务模块中的原始凭证。

2. 订单和项目成本核算

成本核算信息化能够进行订单成本和项目成本的归集和核算，其功能的发挥需要企业供应链上下游厂商的协调配合。在成本核算信息化中，可以收集、过滤成本信息，用计划与实际结果之间的对比来协助对订单与项目的监控，有助于优化企业对其业务活动的计划与执行。

在成本核算信息化中，生产成本核算的方法尤其是制造业公司中的成本核算方法，是由系统模块中的基础数据和程序确定的。通用成本对象包括：①物料、加工订单、成本对象层次结构；②进程计划表；③生产订单；④销售订单；⑤方案、网络。

3. 产品成本核算

产品成本核算不仅有成本核算与成本分摊功能，而且包括收集有关物流与技术方面的数据，能对单个产品和服务进行结果分析。产品成本核算还能对成本结构、成本要素以及生产运营过程进行监控，对单个对象或整段时期进行预测。另外，基于价值或数量的成本模拟估算所得出的信息能对企业运营过程进行优化。产品成本核算中的产品可以是有形货物，也可以是无形产品（服务）。产品成本核算的目的如下。

一是确定产品的制造成本和销售成本。

二是由比较成本核算来优化产品的制造成本。

三是确定产品的定价基础。

四是为存货评估提供产品的制造成本核算。

五是提供成本对象控制中的差异核算。

六是计算边际会计收益（与获利能力分析集成）。

4. 成本收益分析

成本收益分析能帮助一些问题顺利找到答案，如哪类产品或市场会产生最好的效益，一个特定订单的成本和利润的构成分配等。在成本收益分析对这些问题进行分析的同时，销售、市场、产品管理、战略经营计划等模块会根据成本收益分析所提供的第一手面向市场的信息来进行进一步的分析处理，帮助企业判断自己目前在现存市场中的位置，并对新市场的潜力进行评估。

5. 利润中心会计

利润中心会计提供了一个方案，面向那些需要对其战略经营进行定期获利能力分析的企业。利润中心会计使用会计技术来收集业务活动成本、运营费用及结果分析等信息，以确定每一业务领域的获利效能。

6. 附有管理决策的执行信息系统

决策过程中所用的信息的质量直接取决于收集与准备数据的系统的能力。执行信息系统为管理部门提供了一个软件方案，它有自己的数据库，能从企业的不同部门收集包括成本发生在内的各方面的数据，进行加工汇总使之成为可服务于企业决策的格式。

7. 标准成本

针对现有的留置于库存中的产品，应进行标准成本估计。这适用于指定计划期间（通常是一个会计年度）。它确定制造产品的计划成本和销售产品的计划成本，而不考虑客户何时、以什么频率订购这些产品。

在标准成本估计中，直接物料成本由投料量进行核算。直接物料的成本通过以相应的计划价格评估计划数量来取得，然后将物料的间接费用以附加费的方式加以运用。生产成本的成本核算以在成本计划期间内确定的作业类型和相应作业价格的方式进行。为此，必须为所有操作建立产品的计划数量。这通常要在一个工作流程中完成。在证明生产的间接成本不包括在作业价格中后，可以通过基于生产成本中的附加费对其进行确定。管理费用和运输保险费用与制造产品的计划成本相关，这是通过以百分比的方式表达的计划手续费率来实现的。

三、成本控制信息化

（一）流程化的成本控制

在缺乏信息系统支撑的情况下，流程化的成本控制的控制标准和控制流程是脱节的，不能及时获取控制标准与执行情况的差异数据。流程化的成本控制面临的主要困难如下。

一是没有统一的、数据共享的成本管理平台。

二是缺乏有效的流程管理工具。

三是控制标准、定额、预算缺乏有效的载体。

四是控制过程执行人工操作，效率低下。

五是成本执行结果没有分析监控工具。

（二）成本控制协同工作平台

该平台提供全面的基于Web的成本和费用控制解决方案，在任何时候、任何地方都可以访问系统；建立落实到员工层面的费用控制；不需维护的客户端，软件的升级更新不涉及客户端的改变；用户在熟悉的界面上操作，容易学习和使用。

（三）成本费用控制的具体需求

具体需求包括：实现费用、资金支出按标准事前实时控制；多维度费用控制，如按照部门、科目性质、科目属性、费用大类、费用小类、当月预算、累计预算、费用标准等要素进行控制；按照费用类别进行控制，一类应严格按照标准执行，另一类可以不受预算的硬性约束，但需要说明超预算的原因；可以设置预算控制到哪一层级，即预算可以按费用小类编制，也可以按费用大类控制；根据费用性质、金额大小等灵活设置审批流程。

（四）成本费用控制思路

成本费用控制系统通过将预算控制和日常审批流程相结合，在业务活动发生前进行相应的审批过程，从而达到事前控制的目标。在审批流程中，业务活动发起人和审批人能够从系统中实时得到该事项的预算信息（预算数、预算已经执行数、预算余额），并据其作出业务活动能否发生的判断。

（五）预算控制方案

系统支持对预算控制过程使用到的单据、功能、流程进行定制。单据可根据企业具体要求设置。各系统功能的控制逻辑可以根据企业要求设计实现。系统支持分科目多级设置审批机构，审批上报限额，月度、季度、年度超支比例以及超支后的控制方式。用户还可以自由增加控制的维度和量度，以达到灵活控制预算执行的目的。系统对每一笔费用的申请都有个性化的控制逻辑和控制流程。

审批流程可根据企业不同业务灵活定义。系统支持灵活的审批流程定义，可根据企业组织架构、科目类别等多种角度来定义不同的审批流程；还可以定义多人审批模式，当第一审批人不具备网络环境时，其他审批人可代为行使审批权。

利用该功能，可以实现集团、子公司、业务类别、科目等不同层级的预算控制规则，在不同层级采用不同的控制流程和不同的审批级次、审批额度，满足资金支付和预算控制的分级次管理的需求。

系统可以对预算控制、审批方式等进行设置，包括签字方式、会计期间、审批期限、日期替换、超支控制等。

四、作业成本管理信息化

（一）作业成本管理系统

在作业成本管理信息化背景下构建的作业成本管理系统既可以作为一个独立的、综合性成本管理软件使用，也可与企业现有的管理模块配合使用。在已全面实施ERP系统的企业内，通常会将作业成本管理系统作为成本管理功能的子模块嵌入ERP系统。无论是独立使用还是与其他管理系统协调使用，在开发和应用作业成本管理系统时，既要满足企业对成本管理的需求，又要考虑到与其他系统的协调使用，使作业成本管理系统更具灵活性与适用性。

作业成本管理系统主要包括：基础数据模块，主要用于各功能的基础设置，如业务设置、系统配置、作业成本管理设置、管理模型设置等；成本计算模块，主要功能有数据采集、成本标的与成本过程的计算、作业成本计算、成本过程查询等；成本分析模块，可进行成本分析、作业过程分析、成本的规划与查询，还可进行分层次、分过程的分析与查询。

作业成本管理系统十分灵活，可根据不同需求进行个性化设置，如基于作业成本管理的基本原理，可自定义系统的成本科目、成本费用、活动信息、动因等。基于企业业务数据和作业成本管理数据的对应关系，可设置作业成本管理模型，实际上就是通过作业成本管理的方法表现业务流程和业务数据。使用者可根据具体的业务情况设置不同的成本管理模型。

作业成本管理的实现需要业务系统与成本管理系统的协调配合，因此作业成本管理系统的数据采集接口具有较强的灵活性与适应性，既可以通过企业的信息系统获取数据，又可以通过人工手动输入数据。数据的转换与传递既可以通过数据转换工具实现，又可以通过导入、导出的方式实现。采集数据的方式也非常方便、灵活。灵活、便利的数据接口可使作业成本管理系统与ERP系统的相应模块实现对接，如财务模块、生产模块、库存模块等，并能直接从这些模块中获取成本计算、成本分析的必要信息，加强作业成本管理系统对企业业务系统的控制。

作业成本管理系统在采集相应数据后即可核算成本。作业成本管理系统提供的成本核算功能要比传统成本核算功能更加强大，不仅可以核算过程成本，而且可以核算作业成本与成本标的成本，并结合业务的实际情况实现多层次、多角度的成本计算。除此之外，作业成本管理系统还提供辅助部门费用的交互分配模型，根据成本信息进行成本趋势分析、成本规划、盈利分析等成本分析以及项目成本查询、产品成本查询、沉没成本查询等成本查询，并根据成本情况提供报价分析。作业成本管理系统还可按照产品、订单、客户、工序等不同维度及多个维度组合进行成本分析和查询。

作业成本管理系统将成本核算深入作业环节，能够提供不同作业环节的成本结构信息，并能查询产品成本结构，分析成本结构变化的过程。作业成本管理系统还可通过历史产品信息模拟新产品、新订单等的成本，为新产品、新项目的定价决策提供数据支持。

（二）作业成本管理信息化案例——以ADD公司为例

1.ADD公司的现状

ADD公司是隶属于某大型集团企业的专业子公司，负责集团国内陆上物流业务。2017年3月，ADD公司开始搭建汽车运输网，开展快运业务的运营，主要通过公路运输的方式为客户提供零担运输服务。作为集团企业的一分子，ADD公司一直以集团企业的财务信息化平台与财务管理经验为依托，在财务管理信息化方面也形成了一定的基础。

2.ADD公司面临的成本管理困境

自20世纪80年代“物流”的概念传入我国以来，我国逐渐形成了一批具有较强实力的物流企业。

物流产业的飞速发展使物流企业间的竞争更加激烈。从实质上看，物流企业竞争的关键点在于运输服务的质量以及运营成本的控制。只有加强成本管理，才能在日益激烈的行业竞争中占据更大的优势。因此，物流企业的管理层对成本管理的关注程度越来越高。物流服务是物流企业经营的核心产品，这种通过服务网络完成的服务商品，对企业计算成本、制定产品定价策略都提出了挑战，也是企业需重点考虑的问题。

由于物流企业自身的特点，物流企业的成本管理也有其独特之处。第一，运输货物的类型、运输路线、运作方式、客户都是决定产品分类的重要因素，因此物流企业的产品分类更加复杂、类型更为多样。第二，物流企业要承担更为高额的间接费用，除包装材料可以直接追溯来源外，物流企业的费用基本上都是间接费用。第三，作为网络型企业的物流企业，需要一个庞大的服务网络支撑企业的运行。通常情况下，需要两个以上的服务网点分工协作才能支撑物流活动的运行。第四，物流企业的服务具有较明显的外包特点，如货物仓储、超范围递送、干线运输等都可以交给外包公司协作完成。第五，物流企业对信息系统的依赖性较强，货物状态跟踪、客户查询、运输监控、客户服务等都以信息系统为载体。

综上所述，ADD公司的成本管理关注的重点主要为企业盈利能力分析、资源产能分析以及产品定价决策、作业流程优化等。

传统成本核算方法以传统的分配观为指导，无法将高额的间接费用分摊到种类繁多的产品上，并且传统成本核算方法无法针对不涉及成本发生的过程，因此无法将物流企业的外包成本、网店成本等串联为产品的成本。可见，传统成本核算方法提供的成本信息，在准确性和详细程度上远不能满足ADD公司的需求。

3.ADD 公司存在的问题

快运业务是ADD公司开展的全新业务，采用的运作模式也与以往其他业务完全不同。快运业务对于信息网络的依赖性更强，主要采用网络化运作，关注的是整体的运行效率，而不是局部线路或局部地区的盈利能力。这样的特点决定了快运业务的成本结构与其他产品的成本结构具有较大差异，对ADD公司现有的成本控制与成本管理提出了以下新的挑战。

（1）站点收益的考核

站点收益的考核需要来自多个城市的网点的协作配合才能完成。一个网点会代替其他网点提供派送服务或作为中转站，同时其他网点也会为其提供相同的服务。然而，这种交叉服务造成了网点收入与成本的不对称。当企业在考核网点收益时，一般会采用回归成本的内部结算方式。如此，所有成本会落在实现收入的网点身上。因此，准确地核算其他网点为实现收入的网点承担的成本是内部结算的核心。然而，ADD公司现有的成本核算方法无法完成这样复杂的成本核算，因此内部结算中的成本回归成为ADD公司当前存在的一个问题。

（2）间接费用的分配问题

高额的间接费用是物流企业的一个重要特点，而如何合理地在种类复杂的产品中分配间接成本是ADD公司面临的另一大难题。ADD公司当前实行的是平均分配的做法，无法真实地反映出实际成本的归属，同样会对网点考核的准确性造成影响。

（3）产品盈利分析的问题

物流企业的产品复杂多样，因此企业盈利分析需从运作模式、货物类型、客户等多种维度进行，这也要求物流企业的收入分配与成本分配要符合多维度的要求。ADD公司现有的成本核算方法既无法准确计算出间接成本的分配结果，也无法准确计算出产品成本，无法良好地进行产品盈利的差异性分析，从而对企业产品管理与客户管理造成影响。

（4）衡量外包和自有的价值

物流企业具有较明显的服务外包性，如超范围递送、仓储服务以及干线运输，都是经常委托给第三方协作企业完成的。但是，ADD公司现有的成本核算方法，无法保证间接费用分配的准确性，且无法计算出复杂产品的成本，使外包服务的成本预测产生困难。缺乏科学、有效的成本信息，使ADD公司无法准确地衡量外包价值和自有价值哪一方面对企业价值的贡献更大，从而影响决策的科学性。

（5）制定产品价格的问题

价格之于成本的敏感系数很大，运送货物的重量、路线、件数、票数以及时限要求等因素都与零担业务的成本息息相关。ADD公司现有的成本核算方法无法提供准确、可靠的成本信息来预测产品成本。成本预测是产品定价的重要基础，缺乏科学、准确的成本信息支持，产品定价将会非常困难。

（6）选择最优路由的问题

物流企业十分依赖运输线路的规划。对于物流企业而言，无论是产品的分类还是产品价格的确定都与运输路线息息相关。面对复杂的物流网络，ADD公司现有的成本核算方法只能对某种产品的成本进行简单核算，无法核算出产品在线路上的成本。如此，企业便无法根据线路成本信息选择最优路由方案。

物流网络是物流企业业务运行的基础，毫无疑问，整个物流网络的利益最大化是必须要实现的。但是，在实现这个目标的同时，如何在具体的业务过程中控制各区域间的成本，找到一个既能得到有效数据支持，又能作出精确计算的成本核算方法，是解决ADD公司当前困境的关键。

4. 作业成本管理系统应用于 ADD 公司

ADD公司面临的第一个挑战就是选择适合自身目前状况的成本管理方法，实现企业价值最大化的目标。因此，ADD公司引入了作业成本管理系统。将企业消耗的资源分配到作业上，再将作业分配到成本上，是作业成本管理系统的核心思想。相比于ADD公司曾经使用的成本核算方法，作业成本管理系统能够更加客观地反映资源与成本对象的关系，从而能够准确、精细地核算成本。同时，作业成本管理系统相比于ADD公司过去的成本核算方法，采用了更加符合ADD公司当前经营状况与业务运行情况的成本分配观，主张作业消耗资源与产品耗用作业采取多用多分、少用少分、不用不分的原则，从而避免了由平均分配观造成的成本扭曲，使成本核算变得准确、可靠。

作业是作业成本管理系统的核心，成本发生的过程是计算成本、管理作业的主要脉络。作业成本管理系统注重因果的分配观和过程的分析观，能够解决物流企业高额间接费用的分配问题，串联分散在各地的网点成本为某一成本对象成本，解决了物流企业在成本核算上的两大难题。

5.ADD公司构建作业成本核算模型

为了使作业成本管理系统更好地在快运业务中运用，ADD公司聘请了咨询顾问进驻公司，帮助ADD公司厘清成本流动过程和发生成本的各种因素以及各部门需要担负的成本责任，为构建作业成本核算模型奠定了良好的基础。咨询顾问在详细了解、分析了ADD公司的运用情况后，就会开始设计符合ADD公司的作业成本核算模型。

（1）模型框架的构建

咨询顾问将ADD公司快运业务的成本划分为主营业务、管理费用、营业费用、操作费用、其他费用五个类别，其中的其他费用包括财务费用、税金、营业外支出等。建立作业成本核算模型主要是为了在保障企业成本效益的基础上，合理、准确地将这五大类成本费用分配到企业的产品中去，为快运产品的定价、网点绩效的考核以及企业成本管理工作提供精确、可靠的基础信息。

（2）定义各要素

确定了作业成本核算模型的框架后便可进行模型的搭建。结合ADD公司快运业务的实际情况为各要素进行定义是搭建模型的第一个步骤，如科目定义、资源类别、活动类别、产品定义等。

在作业成本核算模型中，会将快运业务的实际科目数据划分为营业费用、操作费用、管理费用等，这些费用也会与实际资源相对应。资源类别与科目数据相对应，分为营业类资源、操作类资源、管理类资源等。根据活动对应的资源类别和业务情况，可将活动分为综合管理财务、销售市场以及取货与配送等。产品定义需要根据货物类型、运输方式、时限条件等多种维度展开。

（3）分配依据的建立

在对各要素进行定义的过程中，科目与资源的对应关系实现了建立，其目的是将成本科目的发生额分配到与其相对应的资源中。建立科目与资源的对应关系，首先需建立科目与资源类别的匹配关系，之后再确定将成本科目的发生额分配到资源的依据。

建立资源与活动的对应关系包含两层内涵：一层为资源与活动相匹配；另一层为确定资源动因，即资源消耗与不同活动的分配比例。

建立活动与产品的对应关系分为三个步骤：先建立活动与产品的匹配关系，再确定活动动因（活动成本分配到产品的依据），最后再根据活动动因将成本分配到产品中去。

6. 实施信息化管理

物流企业对信息网络的依赖性非常强，业务数据庞大，因此如果没有信息化工具，就无法真正实现作业成本管理系统的应用。因此，在ADD公司中，作业成本管理系统应主要包括基础数据、模型设置、数据采集、成本计算、成本分析、成本预测等模块。

ADD公司信息化管理的实施除了需要强大的信息化工具外，还要实现作业成本管理系统与ADD公司现有业务系统的互联，使作业成本管理系统能够定期从业务系统中获取数据。同时，通过计算机能够实现从多个维度对产品成本进行细致的综合查询与分析；通过历史加权平均的单位作业成本可进行成本预测分析，如路由成本分析、项目成本分析等，还可根据产品的收入站点，设置自动成本回归。

7.ADD 公司应用作业成本管理系统取得的成果

在应用作业成本管理系统后，ADD公司在快运业务中遇到的问题逐渐得到了解决。

（1）实现了成本的深入分析

在应用作业成本管理系统后，ADD公司的快运业务被细化为不同的作业。不同的作业具有不同的动因，可以根据不同的动因分配间接费用，使产品成本分配的准确性得到极大的提高。除此之外，不同网点与外包单位为路由、项目、客户提供的活动，在经过组合后能够得到相应维度的成本信息，从而可以实现从多个维度分析企业的盈利情况。

（2）为产品定价提供了准确的依据

作业成本管理系统能够清晰地揭示出作业成本与成本动因间的因果关系，在确定成本预测对象的动因后，通过历史单位的动因成本预测未来成本。

在通过预测成本制定产品定价策略时，将客户需求分解为不同的作业进行预测，无须考虑客户需求的变化便能直接获取准确的数据。同样地，路由优化的成本预测也如此进行。只要在企业物流网络范围内，确定了物流的起点、终点和中转地，就可以预测出该路由的成本。如此，便可为运输部门提供准确、可靠的信息选择最佳路由。

（3）为企业提供准确的业绩信息与效率信息

应用作业成本管理系统后，可按作业分解各作业点，以项目或路线为主线，将系统中属于该项目或路线的成本全部归集起来。通过这种成本归集的方法，可以获得产品在各站点成本的和，最终得到产品的完整成本。如此，既解决了内部成本回归的难题，又为产品的盈利性分析提供了准确的数据，加强了企业对产品的管理与市场决策的制定。除此之外，作业成本管理系统还可计算各级分支机构的作业单位成本和资源利用效率，为企业资源优化配置与作业流程优化提供重要依据。

8.ADD公司运行作业成本管理系统的经验总结

引入作业成本管理系统对ADD公司原本的成本管理过程进行改进，实质上是对ADD公司的管理方式进行重大调整。作业成本管理系统的引入对ADD公司资源配置的优化、运行效率的提高具有重要意义。

ADD公司在应用作业成本管理系统的初期也遇到了各种问题，其应用该系统的经验总结为以下四点。

（1）企业管理层的支持

作业成本管理系统的推广不是仅靠企业财务管理人员就可实现的，企业管理层的重视与支持才是最重要的。只有企业管理层在观念上普遍接受作业成本管理系统，才能落实作业成本管理系统的推广与应用。也就是说，管理层观念的改变是作业成本管理系统推广的重要前提。此外，作业成本管理系统与企业管理系统的互联也需要取得企业管理层的支持，否则就无法真正实现两个系统的相互配合，充分发挥两个系统的作用。

（2）切忌舍本逐末

在实施作业成本管理系统的初期，若过分追求信息的准确性反而会为作业成本管理系统的实施与推广造成困难。比如，动因的选择不必追求全面与细致，只要找到与成本相关性联系最大、最重要的因素即可。这是因为在独立的作业中，不是所有的成本都与同一个动因成正比例关系或关系密切。如果选择太多动因就会使作业成本管理工作无法顺利进行。

在确定动因时，除了数量难以确定外，还会经常遇到动因数据不易获取的问题。例如，没有相应的数据记录或在现有的系统中没有可利用资源的动因数据。尽管作业成本管理系统反映的数据更加详细，但也不是说动因越细越好，而是应该有目的、有重点地选择成本动因，保障作业成本管理系统的最大可操作性。

综上所述，在实施作业成本管理的初期，要先抓住重点，再逐步调整和改善；要始终把握明确的目标，做好准确性与复杂性之间的取舍权衡，结合既定目标选择成本信息的精确程度，因为对成本信息的要求越细，精确度越高，作业成本管理系统的工作就越复杂，成本搭建与维护的成本也越高。

（3）明确作业成本管理系统的推行范围和手段

网点众多是物流企业的一大特点，ADD公司只有在所有物流网点中进行推广才能在真正体现出作业成本管理系统的价值。但是，在企业推广作业成本管理系统时，如何做到既能提高推广效率，又能降低推广成本，是需要企业重点考虑的问题。

由于物流企业业务数据庞大，作业成本管理系统的实施需要依靠强大的工具软件。同时，业务系统所提供的数据的质量也对作业成本管理系统的实施效果有直接影响。

（4）成本管理是一个长期、动态的过程

成本管理并非为实现短期目标而进行的，如果只考虑短期目标的实现，那就仅需要找出所有的成本流程、成本动因以及适当的支出项目并进行分配即可。管理本身就是一个动态的过程，成本管理也是一样的。ADD公司在应用作业成本管理系统后发生了良好变化，但要想从根本上实现企业资源的优化，提高企业运行效率，则需要经历一个长期的过程，需要按照成本管理的要求调整企业业务流程，坚持革新、勇于创新。

作业成本管理系统能够精确地计算出各项成本信息，企业根据作业成本管理系统提供的成本信息能够消除无增值作业，改进作业流程，合理控制成本。与此同时，根据作业成本管理系统对作业完成情况与消耗资源的分析，结合技术与经济因素，企业可以在动态中改进作业方式，促进资源的优化配置。此外，作业成本管理系统还可对价值链与作业链进行分析，促进作业流程的理想化发展。

第二节　固定资产管理信息化

固定资产在企业资产总额中占有相当大的比重，是企业生产、经营活动的物质基础。那些使用年限长、单位价值高，在使用过程中通常能够保持原本物质形态的劳动资料以及物资设备，都属于固定资产。固定资产的种类很多，构成也较为复杂，主要用于企业的生产、经营活动，而不用于出售。固定资产管理信息化主要表现为固定资产核算子系统的构建。固定资产核算子系统与其他会计子系统相比有其独有特点，只有了解了这些特点才能更好地设计和使用固定资产核算子系统[①]。

一、固定资产核算子系统的特点

固定资产核算子系统与其他会计子系统相比具有以下几个特点。

一是数据量大，数据在计算机内保留时间长。企业所拥有的固定资产数量一般较多，为了便于企业各部门随时掌握固定资产的详细情况，系统内需要保留每一固定资产的详细资料。为了加强企业对固定资产的管理，需要保留必要的审计线索，即使是已淘汰的固定资产的资料也必须保留。因此，固定资产核算子系统需要保留的数据量较大，所有资料需要跨年度长期在系统中保留。

二是数据处理的频率较低。除了在系统初始设置时需要输入大量的固定资产详细数据外，在系统的日常业务处理中一般只需要输入少量的固定资产变动数据、每月计提折旧以及在必要时输出报表和统计分析数据。可见，固定资产核算子系统的数据处理频率明显小于购、销、存等其他会计系统。

三是数据处理方式较单纯。固定资产核算子系统的数据处理主要是折旧的计算和各种统计分析报表的输出。虽然计提折旧特别是采用单台折旧计算折旧的工作量较大，但计提折旧的算法比较简单，因此固定资产核算子系统的数据处理比较简单、单纯。

四是数据综合查询和统计要求较高，数据输出主要以报表形式提供。为了满足企业对固定资产核算和管理的多方面需要，固定资产核算子系统具有较强的查询和分类统计功能。

五是需要灵活的证、表定义功能。由于在实际工作中企业固定资产的各种信息通常以各种报表的形式提供，为了方便用户的使用，固定资产核算子系统应该具有允许用户根据企业的需要自定义报表格式的功能。另外，各企业对固定资产的管理要求不同，固定资产卡片的项目也不同，因此固定资产核算子系统需要有灵活的用户自定义固定资产卡片项目的功能。

① 李晶．大数据时代民营企业财务管理信息化的改革探析［J］．城市情报，2023（3）：238-240.

二、固定资产核算子系统的设计

（一）固定资产核算数据处理流程设计

在固定资产核算子系统初始化时，每项固定资产都需在系统中建立固定资产卡片与固定资产卡片文件。当固定资产发生变动或进行内部转移调整时，要根据固定资产变动凭证制作固定资产变动文件，并在固定资产卡片中记录变动内容。固定资产核算子系统会根据固定资产变动文件自动生成固定资产登记簿以及固定资产增减变动表，根据固定资产卡片文件中的科目计算折旧并编制折旧计算表和汇总转账凭证。

（二）固定资产核算子系统功能模块的设计

通过对固定资产核算数据处理流程的分析可知，固定资产核算子系统至少应具备数据维护、增减核算、折旧核算、数据查询、账表输出以及自动转账六个功能模块。

数据维护功能模块负责固定资产卡片以及固定资产卡片文件的建立与管理，包括录入固定资产原始卡片、设置固定资产使用部门代码、设置固定资产折旧计算方法、定义折旧率等。

增减核算功能模块主要负责固定资产增减变动数据的输入。输入数据后，系统会将变动数据自动记入固定资产明细账中，同时更新固定资产卡片内容，计算出固定资产月增减数，并记录在固定资产总账中。

折旧核算功能模块主要负责固定资产的折旧计提与分配，并制作固定资产折旧计算表与汇总表。

数据查询功能模块可根据企业管理的需求设定查询项目与查询关键字。

账表输出功能模块按照月度、季度、年度编制固定资产报表并打印。

自动转账功能模块根据生成的固定资产折旧计提分配表生成转账凭证并传送至财务处理子系统中。

（三）固定资产核算子系统数据库结构的设计

1. 固定资产代码库

固定资产代码库用于保存固定资产名称与代码。在固定资产核算子系统中，为了方便计算机的计算处理，固定资产都以代码的形式显示。在向系统输入某项固定资产时，固定资产的名称与代码必须是保存在代码库中的，否则系统会将该项固定资产视为非法代码。这种方法增强了系统的安全性与可靠性。

2. 固定资产类别库

固定资产类别库用于储存固定资产类别名称与类别代码。固定资产类别库与固定资产代码库十分类似，在计算及处理过程中，有关固定资产的类别名称都显示为类别代码。在录入固定资产时，出现的固定资产类别必须是固定资产类别库中存在的名称与代码，否则将会被系统视为非法。

3. 部门代码库

部门代码库用于存储固定资产使用部门的名称和代码。同上述两个数据库相同，输入的固定资产使用的部门名称与代码必须是保存在部门代码库中的，否则将会视为非法。

4. 固定资产库

固定资产库用于存储固定资产的原始数据，也是系统中最基本的数据库，固定资产卡片数据也储存在固定资产库中。

5. 固定资产增减变动库

固定资产增减变动库用于存储固定资产的增减变动信息，其中的信息会随着固定资产的增减变化随时更新。

6. 分类汇总库

分类汇总库用于存储各部门使用的固定资产的原始价值的汇总数。

7. 固定资产折旧库

固定资产折旧库用于存储折旧计算后各类固定资产的月折旧额与年折旧额。

8. 固定资产登账明细库

固定资产登账明细库用于存储经登账处理后的固定资产数据，这些数据可用于库中文件分类、汇总、折旧计算、增减明细表的输出等。

9. 转账格式数据库

转账格式数据库用于存储固定资产增减变动及折旧计算后各会计科目间的借贷关系，为系统生成转账凭证提供信息。

三、固定资产核算子系统的数据处理

固定资产核算子系统的数据处理包括固定资产折旧的计算以及固定资产卡

片文件的更新。

（一）固定资产折旧的计算

固定资产折旧计算的方法主要有平均年限法、工作量法、双倍余额递减法以及年限总和法。企业可根据自身实际情况选择一种方法，经过财务部门审批后，设定与计算方法对应的计算公式①。

（二）固定资产卡片文件的更新

在完成每月固定资产计提后，固定资产卡片文件需要根据当月固定资产变动文件及固定资产内部调动文件的记录更新内容，便于下个月固定资产折旧的处理。在更新固定资产卡片文件时，如果固定资产增加，只需在固定资产卡片文件中增加记录即可；如果固定资产减少，需在固定资产备查文件中记录该项固定资产卡片文件，之后在固定资产卡片文件中删除减少的记录；如果发生固定资产的内部调动，需在固定资产卡片中更新使用部门代码，同时在固定资产卡片文件或固定资产备查文件中记录原来的使用部门。

在系统使用过程中，无论是更新固定资产卡片的内容还是进行折旧计算，都应加强对系统数据的保护，减少错误操作或设备故障对系统数据造成的破坏。

四、固定资产核算子系统的输出

固定资产核算子系统输出的内容非常多，如固定资产卡片、固定资产增减变动表、固定资产折旧计算表、转账数据汇总表等。因此，输出功能与模块也是固定资产核算子系统中的重要部分，是体现系统处理成果的重要方式。固定资产核算子系统的输出方式有屏幕显示、打印两种。

第三节　全面预算管理信息化

一、全面预算管理概述

预算是以企业战略目标为根本，对企业资源进行分配的一种系统的方法。

---

① 沈睿．企业财务管理信息化风险管控探究［J］．中国管理信息化，2023，26（7）：89-92.

企业通过预算对战略目标的执行进行监控，加强对企业开支的控制，预测未来的现金流量与企业盈利情况。全面预算反映的是企业未来某一时期的全部生产经营活动的计划，以实现企业利益最大化为目的，将销售作为预测起点，预测企业生产、成本、现金收支等情况，并根据预测编制预计损益表、预算现金流量表等。

二、全面预算管理的技术难点及解决方案

（一）全面预算管理的技术难点

全面预算管理要从每年的10月开始准备，直到来年的3月结束。其中，各部门预算的收集就要花费2个月的时间，因为在收集预算的过程中，会出现各种问题。例如，初次汇总的结果通常是开支超出预算，无论是企业基本开支还是运营开支，都会高于企业预算指标；针对不同的业务需求分配多少资源没有准确的判断标准；财务部门在预算调整的时间过长，且调整效果不甚理想；由于缺乏信息系统的支持，预算编制和差异分析等工作需手工完成，不仅费时费力，还无法及时发现业务运行过程中存在的问题；各部门都极力为自己争取资源，财务部门又与业务部门是平级关系，因此横向协调也耗费了财务部门大量精力①。

市场瞬息万变，通过静态的预算流程无法保证能够准确地预测来年的预算，而且预算编制的工作量庞大，工作效率不高，很难适应内外部条件的变化。同时，大多数企业中都不具备统一的数据共享平台，全面预算的数据只能从各个部门调取，缺乏一定的协调工具，使数据协调极为不易。更为关键的是，对预算的控制能力不强，预算执行的事前控制与实际数据的集中缺乏有效的手段，造成企业预算分析与预算调整的能力较差，预算分析耗费时间较长，无法根据实际情况变化及时调整预算。

（二）通过 Excel 解决问题的可能性分析

Excel拥有强大的数据管理与处理功能，但缺乏协调与管理能力，且无法自动获取预算编制的数据，不能灵活地反映预算数据。因此，Excel无法真正解决企业全面预算的问题。

全面预算管理需要各部门协调配合，构建一个统一的数据共享平台。由于缺乏有效的协调和管理能力，使用Excel难以有效组织企业各部门共同参与预

① 吴李楠. 中小民营企业财务管理信息化建设存在的问题及解决策略探析［J］. 企业改革与管理，2023（12）：137-139.

算，控制下属单位的预算模式，也无法形成一个统一的数据共享平台使各部门共同参与预算。

此外，编制预算的工作量庞大，需要设置大量的计算公式、定义表格，而Excel的公式设置与表格定义都需手工录入，工作负担重，并且Excel无法与企业财务系统实现有效整合，不能自动从系统中获取数据，为预算分析造成阻碍；预算报表模式的控制不强，报表格式混乱，也无法灵活地反映出预算数据，从而满足管理层的不同需求，只能通过编制多种预算表格的方式实现，同时缺乏信息系统的支持，使Excel无法进行预算。

三、全面预算管理信息化的要求

多维数据的支持、广泛的信息接口以及有效的监控是实施全面预算管理信息化的三个基本要求。

（一）多维数据的支持

全面预算需要多角度、灵活、全面地反映企业的预算数据，以满足企业不同的需求。预算分析与预算编制的本质是从多个维度描述、分析业务数据与财务数据的过程，只有多维数据分析才能在市场瞬息万变的条件下实现快速分析预算的需求。此外，数据的存储与管理应当以多维度模型实现。

（二）广泛的信息接口

预算编制的实际数据需从财务系统、ERP系统、人力资源系统等多个系统中抽取。因此，全面预算管理系统必须具备多个信息接口才能有效整合不同系统中的数据。

（三）有效的监控

有效的预算执行需要加强对预算的事前监控与实施监控，以工作流为基础的电子审批能够与预算子系统、核算子系统紧密连接。有效的监控手段能够使企业及时地连接预算的实际执行情况，获取明细的、动态的业务数据与财务数据。

四、全面预算管理信息化体系

（一）全面预算管理模型

全面预算管理模型要以企业自身实际情况为基础，并能与企业现有系统以及与预算管理系统关系密切的子系统相匹配，以先进理论和方法为指导。

（二）全面预算编制系统

全面预算编制系统是在全面预算管理模型的基础上设置的相对静态的系统，主要负责编制企业来年的预算。预算编制系统的三个主要功能模块是经营预算模块、投资预算模块以及财务预算模块。

（三）全面预算管理控制系统

全面预算管理控制系统的主要功能是预算的控制与管理。全面预算管理控制系统具有强大的信息处理功能，处理信息的速度快，数据集中程度强，能够使预算管理工作的重点转移到预测、监控、分析、管理等方面，实现企业信息流、资金流与业务流的统一。

（四）全面预算管理体系负责的专职部门

要充分发挥全面预算管理体系的功能与作用，除了重组企业相关职能部门外，还应建立一个专职部门负责全面预算管理体系的实施与维护。

五、全面预算管理信息化的条件

第一，全面预算管理要符合企业战略的要求，为企业战略的实施提供服务，这是构建全面预算管理体系的基本前提和主要依据。

第二，健全、完善的企业信息化建设是实现全面预算管理信息化的重要前提、技术保障和物质基础。

第三，一定的数据共享平台，能够提供准确、全面的基础数据和历史资料。

第四，建立预算管理组织机构，并构建一套科学的、行之有效的、具有可操作性的预算管理体系，确保全面预算的贯彻落实与有效实施。

第五，企业管理层从观念上理解、接受全面预算管理信息化的理念，是推动企业实施全面预算管理信息化的重要条件。

第五章　企业财务管理信息化创新之财务共享

第一节　财务共享概述

一、财务共享的内涵

20世纪80年代，共享服务首先在美国的福特公司开始实施。1993年，共享服务这一创新管理思想得到了确立。布莱恩·博格伦在他的《共享服务精要》一书中这样定义共享服务：共享服务是企业合作战略中的一个全新的、半自主的业务单元，包含并替代现有的经营职能。该业务单元以降低成本、提高效率、创造更高的经济价值、提升对内部客户的服务质量为目标，并拥有相应的管理机构，保障其能够像企业一样，独立自主地在市场中开展竞争。陈虎、孙彦丛在研究国内共享服务的相关专著和论文之后，认为共享服务的出现和发展源于信息技术的推动，并认为它是一种创新的运营管理模式。与以往的管理模式不同，它更加注重以顾客需求为导向，所提供的专业化共享服务以市场价格和服务水平协议为基准，能够将过去企业内部各业务单元分散的、重复性较强的业务整合到共享中心集中处理，从而达到整合资源、降低成本的目的，同时使各业务单元集中精力和资源专注于核心业务，达到提高效率、保证客户满意度的效果。

财务共享是共享服务在财务领域的应用与推广，是一种全新的财务管理模式。简而言之，财务共享是将不同组织机构或部门的财务职能、流程整合到一个独立或者半独立的新组织或部门中，提供更加专业高效的财务服务，同时为企业财务管理降低成本并创造新的利润点。这一独立或者半独立的机构，即财务共享中心。

一是人员共享。企业内的各级机构共享财务共享中心的工作人员，由财务共享中心的工作人员统一处理流程化的重复性工作。

二是信息共享。企业内员工可以在授权范围内共享财务共享中心的财务数据。

三是运营共享。财务共享中心可以通过统一运营集中进行资金管理，从而降低企业融资成本，提高企业投资收益。

四是管理共享。由财务共享中心统一管理会计工作，使会计信息更加规范标准，为企业提供更加准确的会计资料。

二、财务共享的特点和优势

作为一种创新的管理模式，财务共享具有许多特点。在诸多机遇面前，这些特点将被转化为不可替代的优势。

（一）服务性

财务共享的提出最初是为了加强财务部门对企业的支持和服务，通过整合和裁掉冗余部门，让财务的真实价值得以凸显，从而更好地服务企业的业务部门。也就是说，财务共享的发展，不是为了满足财务部门自身发展的需要，而是以更好地服务企业需要为目标。因此，服务性是财务共享最基本的特点。

（二）技术性

共享服务在很大程度上要依赖于高效率、高度集成的软件系统和电子通信技术，财务共享更是如此，需要更加全面、深入地借助各种先进技术。财务共享起源于20世纪80年代，这和当时计算机技术的发展不无关系；财务共享近几十年越发高效，这也和互联网、数据技术、云存储的发展密切相关。可以说，财务共享的发展是建立在当今科技发展的基础之上的。

（三）规模性

财务共享最具吸引力的部分在于，它能够通过合并以前协调性非常差的业务活动来形成规模经济，从而降低企业的交易成本。此外，企业的财务部门具有相对僵化的成分，无论业务发展情况如何，总要设立相应的财务职能部门。

然而，随着企业的发展，传统的财务管理模式会越来越臃肿，且效率低下，甚至在某种程度上制约企业的快速发展。因此，在这样的背景下，财务共享应运而生。可以说，财务共享是规模化地开展企业财务管理工作的重要途径。

（四）统一性

共享的前提是具有统一的标准，从而使企业在不同国家、地区以及文化习俗下都能简便地、顺利地开展财务管理工作。财务共享之所以能提高效率、降低成本，原因就在于其能够使集中起来的不同业务单位的非标准化业务流程实现标准化，建立统一的操作模式，运作统一的流程，执行统一的标准，这样既可降低管理成本，又有利于企业的规模扩张。

（五）专业性

财务共享具有极强的专业性，只有具备高级专业化知识的人才能胜任。也正是这种高度的专业性，财务共享才很好地满足客户各种层次的需求。

（六）多样性

传统财务处理的都是结构化数据，即由二维表格结构来表达和展现的数据，如用Excel表格来展现的都是结构化数据，会计分录也是一种结构化数据。但是，在财务共享时代，既有结构化数据，也有非结构化数据，而且企业中80%的数据都是非结构化数据。这些非结构化数据源于合同扫描件、电子文档和其他票据文件等。使用原有的处理方式处理非结构化数据会比较耗时、烦琐，而财务共享是基于大数据的财务管理模式，能够处理多种多样的数据信息，无论是数字还是图片，都能高效处理，从而大大提高了财务管理的效率。

（七）时效性

财务共享能够让处于不同国家、不同时区的人同时享用一个数据，得到及时的反馈，这对大型企业而言是一种十分重要的竞争能力。尤其是在互联网时代，效率等同于一切，稍有迟疑和耽搁，就可能会造成业务水平的下滑和客户的流失。时间就是金钱，在竞争激烈的现代企业之间，争分夺秒是非常普遍的现象。由于有云服务的支持，财务共享可以让业务部门和财务部门实现零障碍的沟通，极大地提高财务管理的时效性。

三、财务共享的意义

财务共享的产生，主要是由于其能够为企业提供突出的价值。财务共享为企业提供的服务是多方面的，不仅体现在财务方面，而且体现在人力资源管理、信息服务、后勤、物料管理、客户服务、法律事务服务等诸多方面。因此，财务共享的意义也是多方面的。归纳起来，财务共享的意义主要体现在以下几个方面。

（一）大幅降低运营的成本

财务共享从根本上解决了降低成本的问题，这一点主要体现在资源共享与业务集中的基础之上。例如，在以往的财务岗位设置中，有大量的人力资源的浪费，不管业务运营的情况如何，也无论财务管理人员的工作量是否饱和，每个单位或地区都要设置相同的岗位和人员，从而造成大量的浪费。财务共享能够将资源和业务集中起来进行处理，避免了重复性的设置，使财务管理人员可以在工作量不超负荷的情况下处理几个单位或几个地区相同岗位的业务，从而节省人员、时间、沟通、差旅等多方面的成本。

实施财务共享之后，对业务流程和业务规则都可进行标准化管理，从而消除多余的、重复的、非增值的作业，极大地降低成本。

另外，财务共享基本上是以数据化和远程处理的方式运行的，而大多数财务共享中心都建立在成本较低的地区，因为这可以在运营层面大幅降低成本。

以美国运通公司为例。最初运通公司有46个业务站，且分布不均，各站点之间存在着系统重叠、效率低下的问题。当时，仅业务处理人员就有4 200人，成本高达4亿多美元，在总运营成本中占据了相当大的比例。在推行共享服务之后，运通公司将全球业务处理合并为3个财务中心，从而实现了标准化管理，降低了运营成本，仅旅行服务业务一项，就减少了1 000名员工，节省成本超过8 000万美元。随着业务量的逐年上涨，运通公司实现了规模经济效益的提高。

（二）提升服务质量与效率

财务共享的隐含前提是管理和流程的标准化、系统化以及数据化，将原有的低效的重复性作业彻底淘汰，替代为简单明了、分工详细的更具效率的工作模式；将传统的会计记账转变为“共享式会计中心”，将人事服务变成“人事管理中心”模式。财务共享最大化地降低运营成本，将工作的重心放在服务上，一切聚焦于业务发展上。

世界上最大的企业软件供应商甲骨文公司，用6年时间在全球建立了3个区域化的共享服务中心。如今，甲骨文只需几个工作日就可以完成全球几十家子公司所有的年末结账与合并结算，这是我国许多上市公司都无法企及的效率。

甲骨文公司之所以能够实现如此惊人的效率，主要是财务共享的功劳。

（三）促进核心业务的发展

除了降低成本、提高效率之外，财务共享还为企业提供了强大的后台支持，将协调内部业务与满足外部客户需求的复杂工作变得简单且可实现，将原来那些烦琐的、重复性强的非核心业务交由共享服务中心运作，既节省了人工，又提高了效率，使企业可以集中力量专注于核心业务上。

（四）加速企业标准化进程

企业的成长与发展必然伴随着标准化的进程。在实施财务共享之前，企业或多或少都存在业务资源分散的问题，不同业务的操作流程也各不相同，不可避免地会造成内耗和浪费。财务共享将原来分散在不同业务单位的活动、资源整合到一起，成为系统内统一的整体资源，为企业的业务运营、人力管理等提供了统一的平台，极大地促进了企业工作效率和服务质量的提高。

财务共享加速企业标准化发展的例子有很多。比如，渣打银行在实施财务共享之前，在全球许多国家都设有分公司，而其在不同国家采用了不同的电脑管理软件，为财务管理工作带来了极大的不便，而且各个分部之间的沟通也不顺畅。为了实施财务共享，渣打银行重新对各银行的计算机系统进行了检查和整合，并将其作为整个银行系统技术标准化的第一步。

（五）促进企业规模化扩大

财务共享的推进其实是与人力管理、信息管理同步进行的，它们之间有着相互制约与促进的关系，可以说是一个有机的整体。因此，企业实施财务共享，也就是将财务管理、人力资源、信息管理等职能集中，对原本分散、重叠以及闲置的资源进行整合，从而为促进企业发展新业务带来便利。财务共享可以为所有的业务部门赋能，而且发展新业务也非常方便，从而节省了经济、时间和精力成本，有利于企业扩大规模。

（六）财务共享是对“集中”的升级

财务共享实际上是集中服务的一种升级，二者都是将分散的资源和业务集中在一起进行处理，都存在启动成本和人员转移等问题。但是，二者将资源业务集中的方式、过程和目的大相径庭，更确切地说，财务共享服务更像是一种全面的“整合”，而不是简单的“集中”。相对而言，财务共享是对集中服务的一种升级。表5-1列示了集中服务和财务共享的不同之处。

表 5-1　集中服务与财务共享的不同之处

集中服务	财务共享服务
一种企业战略	一种商业经营
注重集中控制、降低成本	降低成本、提高效率、标准化、资源整合
简单集中	关注流程优化与流程再造
原流程、标准不变	一致的标准、流程、系统和模式
向管理层负责	以客户需求为中心
事务处理者	服务提供者
业务单位无选择权	客户有选择权
业务单位不参与监督	客户可参与服务质量的监督
一般设在总部	地点选择与总部无关

四、财务共享的产生与发展

（一）推动财务共享产生的驱动因素

放眼世界，财务共享已经成为一种趋势，甚至在许多商业发达国家，财务共享已经成为一种常态，特别是一些大型的跨国企业，财务共享为其带来了极大的便利。许多大型企业为何几乎在同一时期都实施了财务共享？这背后的真正原因以及核心驱动因素又是什么呢？

1. 外部因素

惠而浦首席执行官约翰·惠特曼认为，获得长期竞争优势的唯一方法就是在全球范围充分运用企业的各种能力，使企业整体的运作能够比其各分散部门的独立运作更加有效。这句话几乎道出了大型企业实施财务管理的全部原因。随着全球化竞争的加剧，企业在规模扩大以及实现国际化增长的过程中，如何在多个市场保持统一、高效的管理机制是每一个企业都面临的问题。在控制成本与快速发展之间找到平衡，已经成为跨地区、跨国企业的重大课题，而财务共享则是一个被实践证实的行之有效的方法。

2. 内部因素

随着全球化的推进，企业的跨国发展已经成为趋势。然而，在不断发展壮大的过程中，企业必须解决业务剧增以及跨地区管理等问题。此时，企业急需制定一种解决方案，从而快速、高效地对分散在世界各个国家和地区的分部进行标准化的管理，特别是在财务管理方面，对财务共享具有迫切的需求。通过简单的、统一的、标准化的处理，可以更为直观、便捷地对企业进行管理；同时，也可以减少各个部门之间工作衔接的冗余，极大地提高工作效率。财务共享通过对企业内部重复性作业的整合，对流程进行再造，能够节约成本，提高效率，于是，各个企业纷纷将财务共享作为企业发展的必要准备。

（二）财务共享的发展

1. 世界500强公司的推动

财务共享起源于20世纪80年代，经过几十年的不断发展，财务共享已经为90%的世界500强企业所广泛接受和使用。尽管很难说究竟是财务共享带动了整个共享服务的发展，还是共享服务推动了财务共享的升级，但不可否认的是，财务共享始终都是共享服务至关重要的组成部分，也是共享服务不变的主题。财务共享起源于西方，传入亚洲的时间虽然较晚，但很多亚洲大企业的组织流程改进，实质上已经采用了财务共享的思路。

通过财务共享，企业可以有效地将分散在不同业务单位的财务信息整合到一起，采用统一的标准、规则和运作模式。这对企业业务的快速发展创造了更多的便利条件，也为企业的业务创新做好了准备。在基础业务中，财务共享被分为基础业务处理和基础决策支持两个层次，这两个层次以阶梯状分布。总账管理、应付管理、应收管理、资产管理是目前财务共享中开展最多的业务。其中，从应付管理中衍生出来的费用报销服务是近年来财务共享的热点。

一般来说，企业实施共享服务都是从财务共享开始的，而财务共享则是从应收/应付做起的。

2011年，中兴通讯与英国特许管理会计师公会（The Chartered Institute of Management Accountants，CIMA）合作对国内实施财务共享的企业进行了调研。结果显示，财务共享的业务范围包括了会计核算的全业务，如应收、应付、资产、费用等会计核算工作，部分受调企业已经将财务管理中一些标准化程度高，具有重复性、周期性特点的业务纳入了财务共享中心运作。

2. 随着技术的发展而发展

财务共享从孕育到诞生，从成熟到发展，都伴随着财务管理模式的变革，一共经历了分散、集中、共享、外包四个阶段。就目前的发展趋势来看，科学技术的迭代日新月异，其始终是推动社会发展的核心力量，财务共享的发展也将会随着技术与社会的发展而不断取得新的突破。

3. 财务共享的持续改进

（1）从优秀到卓越

财务共享的实施，是企业实现标准化管理和规模化管理的重要条件。当企业的财务管理模式实现了从传统到创新的转变时，企业便会获得更加有力的发展势能。同时，随着企业的发展，财务共享也在持续地优化和改进中，这又使企业的财务管理模式实现了从优秀到卓越的飞跃。但是，这一过程应该像细水长流般永不停息，需要持续变革的信念和决心。

企业的发展包括对业务领域的拓展，对组织结构的调整，对战略目标的优化。只有经过一系列的管理变革，才能建立一个较为有效的财务管理系统。然而，必须指出的是，希望通过一次变革就能建立起一个稳定的、完善的财务共享中心是不可能的。因为企业一直处于动态的发展过程中，社会发展也一刻不曾停息，技术突破更是争分夺秒，所有这一切都注定了财务共享不可能是一成不变的。实际上，财务共享中心的构建，是一个持续演进的过程，企业的管理者和经营者以及财务主管人员需要具备持续改进的意识和敏锐的洞察力。财务共享自身具有特殊的生命力，它的完善要建立在不断优化的机制上，一经开始就不会有停息的时刻。但是，这个过程并不是革命性的，也不会特别引人注目，而是不间断地实践和尝试，逐渐构建出一个充满活力的财务共享中心。

（2）建立长效的优化体系

一个健康的、充满活力的财务共享中心，应该始终处于动态的发展过程中。财务共享中心的发展并非偶发性的波动改进，而是持续地、主动地、不间断地进行的，它同时兼具计划性、组织性、系统性和全员性的特点。当然，财务共享中心的持续改进工作，并非靠个人的力量推动，它需要建立一套长效的支持性优化体系，在不同的维度以及角度对整个企业的运营提供支持和优化措施。

管理层、执行层分别代表不同的角度，考虑的问题也处于不同的维度，这为优化和建设财务共享中心创造了有利条件。通过支持性系统的建立，企业员工和客户能够在一个良好的沟通平台上实现互惠互利，提高工作效率和用户体验。在支持性系统的督促下，可以定期召开系统讨论会，进而建立系统版本的优化机制；针对不同业务部门的需求，还可以建立分层级的培训体系，为员工的持续发展提供合理的支持，从而为企业带来更加高效的服务。

在企业制度的维度，同样需要创建长效的制度优化机制，使企业能够定期评估制度的有效性，发现制度是否已经出现滞后的迹象，并随时更新制度版本等。

在质量的维度，项目人员可定期对上下游质量节点进行评估，发现存在的问题并提出改进方案。项目人员需要保持一定的敏感度，随时发现零星出现的问题以及关注系统优化的各种可能性，并保持积极的态度。

总之，财务共享的发展需要长期、持续地改进，它是一种积跬步以至千里的行为，贵在持之以恒。相信持续改进终会带来惊人的效果，保持坚定的信念是确保财务共享中心长期、健康、稳定发展的基石。

4. 财务共享在全球的分布

综观全球，财务共享无论在深度上还是广度上都得到了广泛而充分的应用，尤其是在一些大型和超大型企业中，财务共享得到普遍的接受和认可。近年来，财务共享已经逐渐地由发达国家向发展中国家传播开来。

埃森哲的一项调查表明，在全球共享服务领域中，得到最多应用的就是财务共享。其中，应付账款业务实施比例占83%、总账业务占65%、固定资产管理占57%、应收账款占56%、薪资支付占55%、差旅及费用报销占50%、财务报告占48%、人力资源占44%、信用管理占43%、客户信息服务占39%（见表5-2）。这些数据表明，财务共享是企业共享服务的重要组成部分。

表 5-2　财务共享最先实施的 10 项业务

业务内容	百分比
应付账款	83%
总账	65%
固定资产	57%
应收账款	56%
薪资支付	55%
差旅及费用报销	50%
财务报告	48%
人力资源	44%
信用管理	43%
客户信息服务	39%

财务共享在我国的推进目前仍处于比较初级的阶段。大多数人对财务共享的概念还十分陌生，绝大多数企业还沿用传统的财务处理模式。然而，随着全球化的快速推进，我国本土企业要想顺利地进军国际市场，并获取竞争优势，就必须实施财务共享。

服务外包模式已经在全球范围内广泛地存在，其中财务共享外包正逐渐成为一种趋势。通过观察可以发现，财务共享外包是全球业务市场的重要部分。例如，印度具有大量的廉价人力资源，并具有相当的语言优势，因此印度迅速占领了欧美财务共享外包业务的主要份额。在印度的班加罗尔，随处可见跨国公司建设的财务共享中心。

在我国，大连、天津等城市是最早提供共享服务的代表城市。通用、惠普等公司在大连建有共享中心，天津曾是摩托罗拉在全球最大的财务共享中心。如今，其他城市也陆续跟进，向美国、日本等国家提供各类共享服务业务。

5. 以提升客户满意度为导向

财务共享是将企业分散的、重复性的作业整合到财务共享中心统一处理，不仅减少了业务部门的重复性劳动，而且提高了支持部门的效率，为企业集中精力和时间专注于高增值的核心业务作出贡献。说到底，财务共享就是一种商业经营活动，其根本目的就是为企业降低成本、创造价值，同时为提高客户满意度、提升企业的竞争力作出努力。

无论是生产型企业还是服务型企业，都是以为客户和消费者提供优质产品和服务为终极目的。财务共享在初期的使命，是为企业降低成本、提高效率，从而增强企业的竞争力。然而，随着社会的发展以及企业的不断进步，最终一切努力都将直接或间接地以满足客户需求为导向。财务共享是商业经营，其运作活动必须以顾客需求为导向，通过与客户签订服务水平协议，明确服务的内容、期限、质量等，向顾客提供及时有效、质优价廉的服务，以便与其他服务供应商竞争。因此，客户的满意度将直接影响企业以及各个部门的发展。在财务共享中心模式下，业务部门和外部客户都有机会参与对财务共享中心的监督，督促财务共享中心长期、持续地发展。

6. 共享数据的智能财务体系

随着信息技术的发展，财务共享作为管理会计的“基石”，正面临定位与价值的全面刷新。在大数据、云计算、互联网、人工智能等技术的渗透下，领先企业正在积极探索和建设以数据共享为核心的智能财务体系。财务共享中心连接着前、后台部门的运营和数据中台，承载着智能共享服务、智能管理会计和智能数据分析等功能，在新技术的驱动下推动着企业构建智能财务体系。这是财务共享发展的高级阶段，覆盖着企业绝大部分的业务系统，是企业强大的业务中台和数据中台，为企业提供了更多的可以随时调用的业务支持。大量的业务交易产生大量的实时数据，使财务共享中心成为集团级数据中心，集成核算数据、预算数据、资金数据、资产数据、成本数据、外部标杆数据等，为数据建模、分析提供了准确、全面、系统的数据来源，成为企业业务的调整依据和决策依据。

五、财务共享的必要性及其影响

（一）财务共享的必要性

财务共享中心需要建立强大的网络系统，需要强大的企业信息系统作为IT平台，因此只有利用现代的IT技术，才能使企业的财务共享真正落到实处。当前，我国正处于“互联网＋”和大数据的变革时代，拥有会计集中核算平台升级为财务共享中心的技术基础，而当前电子发票制度的实施更为财务共享中心的落地实施创造了可能[①]。

1. 国家政策提出了要求

早在2013年，财政部就印发了《企业会计信息化工作规范》。其中，第三十四条规定：“分公司、子公司数量多、分布广的大型企业、企业集团应当探索利用信息技术促进会计工作的集中，逐步建立财务共享服务中心。”这一规定为我国大型企业集团实施财务共享提供了重要的政策依据。财政部在2014年颁布的《财政部关于全面推进管理会计体系建设的指导意见》中明确要求企业应推进面向管理会计的信息系统建设，提出“鼓励大型企业和企业集团充分利用专业化分工和信息技术优势，建立财务共享服务中心，加快会计职能从重核算到重管理决策的拓展，促进管理会计工作的有效开展”。国务院国有资产监督管理委员会在《关于加强中央企业财务信息化工作的通知》中要求“具备条件的企业应当在集团层面探索开展会计集中核算和共享会计服务”。

这一系列政策的出台，都为我国大型企业财务管理信息化指出了明确的发展方向。有了大方向，就要具体地讨论财务共享中心的建设标准、财务共享中

① 王鹏飞．基于共享服务视角的医药企业财务管理信息化策略研究［J］．企业改革与管理，2023（10）：122-124.

心的适用范围等核心问题。尽管国家还没有给出详细的指导，但是企业已经开始根据自身实践中的经验展开探索，为全面的财务共享中心的建立和开展做好了准备。

虽然，财务共享中心建设强调标准化，但不同行业的企业有不同的情况，其行业特征决定了其实施路径存在很大差异。国家简政放权的改革方向，就是要鼓励企业自觉发展适合自身行业特性的创建模式和发展路径，促进良性的市场竞争。也就是说，国家鼓励百花齐放，最终成败则交给市场来检验。

2. 财务共享是大势所趋

共享服务出现于20世纪80年代的美国，很快又传到了欧洲国家。大量的事实证明，共享服务在绝大多数情况下都取得了成功，被认为是财务职能部门的关键要素之一。这是大势所趋，任何拥有多个后台办公财务职能部门的组织，都能从财务共享中受益。展望未来，财务共享能确保企业整合财务处理流程，甚至还能不断地产生商业效益。

3. 助力企业的规模化发展

财务共享发展至今，已经有几十年的历史，在西方发达国家特别是那些最为成功的企业里已经得到充分的验证。因此，只要全球化发展的趋势不变，大型企业要想走向世界，进行多元的、深入的发展，开展财务共享都是绕不过去的一个议题。因为不管何时，企业的发展都离不开降低成本、提升效益两个目标，而财务共享是通过验证的、能增强公司灵活度和标准化的有效手段。

在企业扩大规模的发展中，财务共享也会起到助推作用，为企业实现快速增长、开拓新市场以及收购后的管理带来多种便利和可靠的支持。

一些财务管理人员选择在企业内部进行转型，或者引入“精益管理”“六西格玛”等手段，再结合相关的组织架构进行重新配置，还有一些财务管理人员则采取了改变业务模式等更加激进的手段。

在过去的十几年里，越来越多的企业财务管理人员将财务共享作为实现发展和变革的首要策略，他们一直在考察各种服务交付模式，考察如何降低成本、精减人员，通过有效的方式释放出更多的资金以及为业务部门提供更优质的服务。事实证明，在美国，越来越多的大型企业都在采用服务共享来支撑其财务和会计部门的运作。

4. 企业急需战略型财务

对于大型企业、企业集团来说，通过建立财务共享中心的方式，可以将会计基础核算等低附加值的作业劳动集中起来，基于流程再造和IT系统整合，最终提高会计核算业务处理效率。通过建立财务共享中心，企业不仅提高了会计核算处理的效率，降低了成本，加强了管控，更为重要的是，企业会解放大量的财务会计人员，让他们从大量低附加值、重复、劳动力密集型的基础核算工作中解脱出来，从而集中精力去从事业务型财务和战略型财务工作，实现财务与业务、战略的一体化，让管理会计真正落地实施，实现财务为企业增加价值的目标。

5. 财务会计转型的需要

传统的财务会计专注于会计核算，随着数据时代的到来，很多财务管理工作逐渐被越来越智能的技术和软件替代，这也为财务人员进行转型升级提供了一股强大的推动力。企业在发展过程中，更加需要的是能够在管理决策层发挥作用的财务管理人才，而不是简单执行会计职能的普通技术人才，并且随着办公软件的智能化发展，很多基础性工作都可以交给计算机来处理。那么，原来的基础性财务管理人员则面临着自身技能升级的挑战。人的发展必须适应时代的趋势，在财务共享已经逐渐成为大势所趋的关头，财务管理人员迫切需要向着财务共享的方向努力，并从中找到适合自身发展的位置。在这样的背景下，许多财务管理人员纷纷从财务会计转型为管理会计，这是当前我国会计领域变革的重大趋势。

（二）财务共享的影响

1. 加速了企业的组织改革

企业必须认识到财务职能部门只有在不断演变的过程中才能为企业的全球业务提供支持，财务部门是企业内部最为重要的支持部门，牵一发而动全身。改进财务管理模式，带动企业进行一系列的组织架构改革，目的是确保企业的业务流程、人员管理以及客户服务都能与财务管理更为融洽，避免冗余与内耗，使每一个环节都更为简明。因此，通过财务共享，企业在诸多层面都产生了改进和优化，以确保整体运营更为有效。这也无疑推动了企业的标准化进程，为日后的进一步发展创造了条件。

2. 通过改变规则快速取胜

实际上，财务共享可以支持企业实现很多目标。从“快速取胜”到“成为改变游戏的人”，从中受益的远远不止财务职能部门。并且在“改变游戏规则”之后，企业的各个职能部门都更为精简，工作效率倍增，形成了一个积极的正向循环。

还有一些企业更具战略眼光，试图一步到位地建立一套全方位的财务共享业务，从而让整个企业实现远大目标。

3. 激活了其他职能部门的活力

财务共享对整个企业的意义是十分重大的，其影响也非常广泛，会随着时间的推移而逐渐显现。最先从财务部门开展的共享服务，也激活了企业其他职能部门的潜力，并且财务共享还实现了在其他部门之间牵线搭桥的功能，从而轻松整合了业务的“前端”和“后端”。这种跨部门的协调方式有助于更快地为企业创造更多的利润，不仅提升了财务部门的服务绩效，而且使整个企业内部实现了“财务联通”，在一个核心部门的带动下，整个企业的潜在活力被激活，并逐渐地建立起全面的共享服务。

4. 带动了业务外包服务

财务共享作为企业的核心，鼓励和带动了其他职能部门的共享和外包服务。财务共享不一定只在企业内部开展，也可以外包出去。对于一些企业来说，财务共享外包也许是更有利的选择。但是，这里有必要梳理一下共享服务外包和业务流程外包的区别。业务流程外包是单纯地将业务外包，而共享服务外包是对原有业务、流程进行优化整合，从而达到降低成本、提高效率和进行标准化的目的。

共享服务外包与业务流程外包的区别见表5-3。

表 5-3 共享服务外包与业务流程外包的区别

共享服务外包	业务流程外包
业务、资源的整合	业务的简单转移
降低成本、提高效率、标准化	提高效率、降低成本
关注流程优化与流程再造	简单集中
一致的标准、流程、系统和模式	原流程、标准不变
以顾客需求为中心	向管理层负责
服务提供者	事务处理者
客户有选择权	业务单位无选择权
客户可参与服务质量的监督	业务单位不参与监督
地点选择与总部无关	一般设在总部

5. 降低了企业发展的成本

财务管理人员最重要的使命之一，就是提升企业的生产效益、降低成本。以较少的投入换取更多的回报，是企业经营的首要目标，然而这并非易事，对于一家庞大的企业而言，这往往是一项较为烦琐、复杂的系统。然而，财务共享的实施，极大地推进了企业的标准化流程，使降低成本变得更加简单明了。它不仅大大地提高了财务流程的透明度，而且使加强配合及增强杠杆都变得更具可控性。这一切都得益于财务共享在“流程标准化”这一方向上的改进和优化。

与此同时，财务管理人员也敏锐地注意到，相对于完善的流程所带来的成果，企业实际上并不太关心流程本身。这里所说的成果包括更多的现金、更多的信息以及更多的服务。

但是，简柏特公司的帕尔·亨森和凯捷公司的克里斯·斯坦科姆比有更为深刻的观点。他们都认为，尽管流程的规模化实现了成本的节约，但更重要的是财务管理人员从一开始就站在战略高度上进行考虑，从而为企业的开源节流给出见解，这是降低成本的真正原因。

但是，不管怎样，通过财务共享实现降低成本、提高效率是所有财务管理人员的共识，这无疑也是财务共享所带来的最直观的影响。

6. 加强了对供应商的鉴别

通过财务共享中心的建立，财务管理人员发现，供应商提供的产品和服务的优劣可以更为直观地进行比较，并得到多维度的、全面的数据支持，从而可以量化地鉴别供应商。比如，一些供应商多年来提供的服务没有改进，而其他供应商提供的服务却在逐年提升。这种变化是不容易被察觉的，因此企业并不知晓，但是这一点反映在后台系统中是一目了然的。除此之外，还有一些供应商是优秀的运作者，更注重战略布局。供应商的不同特性在不同程度上影响着企业的发展和决策。这些从后台获得的异常珍贵的信息，不仅能够帮助企业更加科学合理地选择供应商，而且成为企业未来选择合作伙伴的重要依据。

当然，不同的企业在不同的发展阶段，所看重的品质也不尽相同，同时企业获得的信息也处于发展变化中。通过财务共享中心的数据，企业可以根据自身的情况进行选择。比如，威达信集团的乔安娜·雷诺斯认为选择供应商主要看中的是其灵活性以及能否提供适合企业的解决方案。

IBM公司的奥斯丁·梅杜萨指出，不同行业的复杂性各异，需要具体问题具体对待，而这一过程需要繁杂的计算和分析，但如今已经可以从财务共享中心获得有利信息。

凯捷咨询公司的克里斯·斯坦科姆比认为，企业与供应商之间存在着相互促进或相互制约的关系。如果能够得到更有力的信息来促进这一关系向着更加积极的方向发展，那么双方将共同获益。阿奴普·萨格认为，供应商应根据客户需求及时调整能力。

由此可见，企业在与供应商的合作和互动过程中，实际上带来了多方面的影响，也产生了多种可能性，但是只要是积极的、双赢的互动，就不仅会为企业鉴别供应商带来帮助，而且还会为供应商的发展提供推动力，从而实现稳定的、共同发展的合作关系。财务管理人员不仅要对供应商的能力进行鉴别，而且还要提高警惕以防止被他们裹挟而影响了自身的发展。但是，所有这一切都并不是靠人为的主观判断作出决策，而是建立在可靠的数据之上，依靠财务共享中心提供的强大的后台支持。

7. 促进了彼此之间的沟通

虽然绝大多数企业管理者都强调，良好的沟通在企业经营过程中具有重要的作用，但是良好的沟通在本质上并不是基于良好的口才或者过人的情商，而是建立在合理的机制以及准确的信息之上。然而，财务共享为企业开创了一个新天地，即企业不同部门、不同级别的人都能够站在一个信息公开透明的情境下进行沟通，从而排除许多干扰因素，使工作效率大幅提升。

财务管理工作面临的挑战在于，企业实际上并不那么关心流程，更多的是关心结果。但是，财务流程往往会对结果具有决定性的影响。财务共享中心的存在，实现了让流程简化、让结果更加透明。当流程建设得无可指摘时，人们只需关注结果即可，并且除了财务职能部门，其他部门各个层级的人员都可以平等地就事论事，使内部沟通十分畅通和简单。

这为企业快速作出决策也带来帮助。正如壳牌的乔治·欧康奈尔所说：“为策略命令争取到来自高层的支持对变革的顺利推行而言很关键。”也就是说，一个普通的员工只要有了关键数据，说服领导并获得决定性的决策就变得十分简单，因为原本存在的各种人际、层级、信任等会带来阻碍的问题被一扫而光，让工作和沟通变得更加简单明确。

对于一些跨国的大型企业而言，企业内部的沟通还涉及地域和文化的干扰。企业的员工来自世界各地，不仅语言不同，而且思维方式、宗教信仰等各个方面都存在差异，这都有可能会成为沟通的障碍。但是，只要通过标准化、简单化的财务共享，以上问题都可以迎刃而解。毕竟，数据是全球通用的语言，能够令具有不同文化背景的人都能够轻松地表达与沟通，大大地提高了沟通的效率。

8. 改善了客户的服务体验

在财务共享的推进过程中，除了企业自身直接受益之外，另外一个显著影响来自客户的反馈。许多服务型企业都明显地改善了企业的服务质量，得到客户更多的认可和支持。就像联合利华的克里斯蒂安·考夫曼所说的那样："站在供应商的视角来看，他们最主要的目标就是确保客户不会流失。"反过来，企业最在乎的就是确保每一位客户都能得到满意的服务，这样客户不仅不会流失，还会对企业产生深度的认同，甚至还会为企业带来新的客户。在培生集团看来，"文化契合度"和"爱之深，责之切"是他们服务客户时最在乎的事情。很显然，这是一种合作关系。对于企业来说，发展文化诉求不仅仅体现在业务层面，它甚至在财务共享的推进过程中就能获得了有力的支持。由于财务共享带来的系统化和标准化管理，企业可以在后台为很多业务提供更加直观的支持，从而提升业务执行的质量。

当然，无论是认可还是信任，都是随着时间慢慢积累起来的。通常情况下，信任会由于某个客户不切实际的期待而受到影响。同样地，客户也会因为企业提供意想不到的服务而对企业产生强烈的好感。有了财务共享这一强大、稳定的后台支持，企业就能够逐渐获得更多客户的认可和支持。

第二节　财务共享中心的基本框架和组织

一、财务共享中心的框架设计

财务共享中心的框架设计主要包括以下几个方面的内容。

（一）组织架构设计

企业的经营战略、财务战略是设计财务共享中心组织架构的主要依据。财务共享中心的未来设计方向是以对财务共享中心的定位为依据而确定的[①]。

① 万胜平. 大数据时代下制造企业财务管理信息化建设策略 [J]. 经济技术协作信息，2023（7）：64-66.

在财务共享中心的组织架构设计中，首先要将主要的运营职责和管理职责明确下来，并对汇报关系予以明确，建立与其他组织的沟通机制，然后以运营职责和管理职责为依据，设置与划分内部职能。

设置财务共享中心的内部职能架构，划分财务共享中心的内部职能，都要建立在明确的组织职能的基础上，要尽可能保证工作量和技能要求的统一性、业务流程的通畅性。从内外两个角度来看，可以将财务共享中心分为两个部分，一是业务运营，二是内部管理。这两个部分又各自包含不同的模块，具体见表5-4。

表 5-4　财务共享中心的模块划分

财务共享中心		业务
业务运营	会计运营模块	①核算 ②资金支付 ③其他
	财务管理支持模块	①研究制定政策制度 ②财务数据管理 ③提供财务报表 ④其他
内部管理	运营支持模块	①人员管理 ②行政管理 ③培训 ④客户服务 ⑤其他
	质量提升模块	①绩效分析 ②内部稽核 ③质量管理 ④运营优化

（二）办公选址设计

办公选址设计这一环节相对比较简单，主要任务是选好办公地点。一般办公地点要基于对职场成本、人才供应量、人力成本、网络通信环境等要素的综合考虑来选择。如果是跨国企业，那么当地的政治环境、自然环境、税收政策等也是必须考虑的因素。此外，企业发展战略也是影响办公选址的一个重要因素。

从我国一些企业的财务共享中心选址来看，有的企业选择在总部建立财务共享中心，有的企业选择在某些城市的后援中心建立财务共享中心，还有一些企业选择在一线城市的繁华地区建立财务共享中心。这主要是基于对人员稳定等因素的考虑。

（三）财务职责及范围设计

在财务共享中心财务职责及范围的设计中，需要先拆分原来的财务业务（如会计核算、财务数据及报表、资金管理、税务管理等），然后上收到财务共享中心，形成新的财务职责及范围。

在拆分原来的财务业务时，需要从企业的行业特点出发，重点贯彻以下几个方面的原则。

一是易获取：可集中获取数据或服务。

二是规模化：业务量大且重复发生的业务。

三是相对独立：客户对面对面接触的诉求较低。

四是标准化：通过优化改造实现标准化的业务流程。

五是自动化：自动化要求高，可以通过信息化建设实现跨区域作业。

六是管控力：通过集中操作，加强风险管控和总部管控。

（四）业务流程设计

在财务共享中心的框架设计中，业务流程设计是非常重要的一环，未来业务执行的效率和质量都取决于业务流程设计是否顺畅，而且顺畅的业务流程也是财务共享中心信息化建设的基础条件，后期系统自动化投入的程度也都直接取决于业务流程设计的流畅性与完善程度。

设计财务共享中心的业务流程还需要处理好一系列相关问题，如明确职责、管控风险、提升业务处理时效、落实人员编制等。业务流程的设计也会影响前后端业务流程的改造，如果在业务流程的设计中对前后端的业务流程予以考虑，则能够使财务业务流程的实施更加顺畅，而且也会大大提高企业的整体经营效率。

（五）财务共享运营模式设计

在财务共享中心的组织架构中，不可避免地要涉及内部管理方式，也就是财务共享运营模式。作为一个组织实体，财务共享中心的业务具有标准化、规模化等特点，为企业提供相关财务服务，是企业进行集中管控的一个重要手段。

从财务共享中心的特点来看，财务共享中心需要具备多方面的运营管理职能。因此，在财务共享运营模式设计中，要突出完善这些职能。

1. 内部稽核管理

财务共享中心要在内部构建与完善包括资金支付稽核、账务稽核、业务流程稽核等在内的内部稽核体系，以便更好地提供对外服务，保证对外服务质量。

2. 标准化管理

对可复制性的重复性工作，要制定统一标准和程序，将重叠机构和重复业务消除，以促进财务共享中心工作效率与服务水平的提升。

在标准化管理中，要先制定标准、规范的管理流程，并重点管理这些流程的实施情况。

3. 绩效管理

设定财务共享中心财务业务的整体目标，采用绩效管理法对绩效目标达成情况进行定期考核，以保证财务共享中心的平稳运营。

4. 内部财务管理

财务共享中心就像一个小规模企业，每年都会有成本投入和产出收益，因此有必要进行内部财务管理。

5. 人力资源管理

财务共享中心的业务模式不同于一般企业的业务模式，因此在人力资源管理方面也要采用不同的方式进行管理。

财务共享中心的建设一般要经历项目期、初建期和成熟期等几个不同的时期，在不同时期要采取不同的人力资源管理策略。

需要注意的是，流水线的作业人员在单调重复的工作中容易感到枯燥、无趣，这会影响他们工作的持续性和稳定性。因此，要特别注意对这类人力资源的管理，加强企业文化建设，开展团建和培训工作，稳定人力资源队伍。

6. 运营优化

采用内部稽核管理、标准化管理、绩效管理等管理方式，能够发现财务共享中心运营中有关工作效率、工作质量的一些问题。对此，需要加强对业务优化机制的建立与完善，以解决现实问题，促进财务共享中心运营水平的持续提升。

在财务共享中心的运营优化中，采用签订服务水平协议的方式，能够对各项服务指标加以约束，促进指标的优化。此外，还需要建立运营评价指标体系，对财务共享中心的成熟度作出准确的评价。

（六）信息系统架构和实现方式设计

在财务共享中心的建设中，信息系统作为一个支撑性的基石发挥着重要的作用。如果离开信息技术，就不可能产生财务共享中心，即财务共享中心的快速发展建立在信息技术这一基础之上。只有先建设信息系统，并以此为依托建立财务共享中心，才能保障财务共享中心跨地域处理业务的功能，才能节约人力成本，提高工作效率，为企业创造更多的效益。

从整体视角而言，财务共享中心除了要有基本的核算系统外，还应该有预算编制系统、费用控制系统、盈利分析系统以及用于决策支持的报表展示平台等。基于信息技术建设这些系统之后，还要在运营过程中不断升级改造、不断完善信息系统，以提高各个系统的运作效率。

另外，信息系统架构和实现方式设计还要升级完善以下几类系统。

1. 资金管理系统

该系统主要用于收付资金，其功能主要包含集中收付、账户管理、银企直联等。

2. 影像系统

以电子化的形式处理账务工作，通过影像将各地分散的原始凭证向中心汇总，以便集中处理账务。

3. 运营管理系统

该系统主要包括单据稽核检查模块（用于内部稽核）、问题管理模块（用于沟通）以及绩效分析模块（用于绩效分析）等。

在财务共享中心的未来发展中，基于信息系统的数据中心将越来越受重视，而且极有可能从子公司的管理需求出发建设数据仓库和报表展示平台。

以上是财务共享中心框架设计的内容，其对财务共享中心需要做什么和如何做的问题做了概括性的说明，并为任务执行细节的落实提供了指引。

二、财务共享中心的组织定位

（一）财务共享中心在财务组织结构中的位置

财务管理模型中有三个层级的财务组织，其中财务共享中心属于第三层级，第一、第二层级的财务组织分别是集团总部财务部、成员公司财务部。

有些企业的财务共享中心隶属于集团总部财务部，有的则与集团总部财务部平行。这是两种不同的组织形式，二者的区别见表5-5。

表 5-5　财务共享中心两种组织形式的区别

两种组织形式的定位	隶属关系	平行关系
政策推行力度	强	弱
两部门协作关系	上下级关系	合作关系
财务共享中心汇报层级	多	少

我们不能片面地说这两种组织形式哪种好、哪种不好，只要是符合实际情况的组织形式就是合理的，就是适合的。具体选择哪种组织形式，要从企业的发展战略、管理决策以及财务共享中心的发展阶段出发来作决定。

在企业的财务组织结构中，如果财务共享中心隶属于集团总部财务部，则主要将工作汇报给财务部负责人；如果财务共享中心作为独立部门与集团总部财务部平行，则直接汇报给财务总监。但是，无论是哪种组织形式，财务共享中心都具有会计核算职能，以便将多维度财务数据信息及时准确地提供给集团总部，这对集团总部了解成员单位的财务状况十分有利。集团总部财务部和成员公司财务部具有财务管理职能，集团总部的会计核算职能与财务管理职能相分离，这是现阶段大型企业财务组织的一个发展趋势。

（二）实施财务共享后整体的财务职能情况

建立财务共享中心，并将其投入运行后，企业的财务组织结构不会发生变革，只是会在各级财务组织之间重新分配财务职能，使集团总部财务部、成员公司财务部以及财务共享中心的职能更加清晰和一目了然。

集团总部财务部、成员公司财务部和财务共享中心都有自身的财务职能，但侧重点不同，各自在履行职能时并非孤立的，而是要相互协作。三者的协作关系如下。

集团总部财务部：实行战略管理，制定管理目标、财税政策，对成员单位、财务共享中心的业绩进行监督。

成员公司财务部：执行集团总部的财务政策，推进财务管理任务的落实，协助业务部门提升业绩，并配合财务共享中心的核算工作。

财务共享中心：执行集团总部的会计政策，对集团总部的经济活动加以记录，向集团总部财务部和成员公司财务部真实反馈会计信息。

三、财务共享中心的内部组织划分

传统财务部门的所有基础性工作都是由财务共享中心承担的，但因为财务共享中心与传统财务部门的职能定位、工作模式有很大的区别，财务共享中心的组织模式也必然要区别于传统财务部门。在财务共享中心内部组织的设计中，需要以企业对财务共享中心的定位为依据构建相应的组织模式。财务共享中心的内部组织主要有以下几种划分方法。

（一）按小组专业划分

财务共享中心内部的业务小组按专业分工，根据各自业务流程提供专业服务。各业务小组设一名负责人，同时另设置一个支持业务小组运行的独立小组。财务共享中心经理直接面向财务共享中心内部各小组工作。

在贯彻专业化原则基础上采用的这种组织划分方式达到了很高的标准化程度，有利于人力资源利用率的提升，同时也使培训工作更加简化。

这种组织模式的弊端在于容易忽视各业务小组之间的联系，使各小组之间较难协调，从而影响组织整体目标的实现。

（二）按业务流程性质划分

财务共享中心按照不同的业务流程性质可划分为下列四个业务小组。

结算组：负责资金操作活动。

核算一组：提供会计核算服务（费用报销、应付核算）。

核算二组：提供投资核算、固定资产、税金和报表等方面的服务。

支持维护组：提供财务系统机构、部门、人员等的支持维护。

另外，上述四个业务小组统一归行政小组领导。

第三节　财务共享中心的建设和运营

一、财务共享中心的业务流程建设

（一）财务共享中心的业务流程建设目标

一般来说，进行财务共享中心的业务流程建设主要是为了实现以下重要目标。

1. 实现组织的扁平化和财务信息共享

在财务共享中心的业务流程管理中，流程再造是一个核心环节。它是从根本上对企业财务管理流程进行再思考和再设计的一个过程，最终要达到的目的是提升企业的绩效，主要从降低成本、提升质量、优化服务和加快速度等方面落实①。

通过流程再造，可以在企业内部建立新的管理模式。新的管理模式以流程为中心，能够解决传统金字塔结构中存在的一些弊端与问题，如层级繁多、条块分割、低效等，从而将部门间的壁垒打破，促进部门间的横向交流与协助，消除不必要的管理层次，实现企业的扁平化管理目标。

在打造企业组织扁平化架构的同时，要在流程再造过程中纳入信息共享，以打破平行部门间的条块分割，解决信息闭塞、孤立和不对称的问题。通过流程化管理可以保证从源头开始一次性输入企业所需的关键信息，并采用统一的方法加工、存储这些信息。企业各部门经授权即可自由使用信息，充分实现信息共享。

2. 其他具体目标

进行财务共享中心的业务流程建设，除了要通过流程再造实现上述目标外，还要实现以下具体目标。

第一，建立通畅的企业资金链周转机制，防止资本闲置，提高资本利用率，畅通资本运转流程，有效管理应收款，促进企业效益的提升，保证企业财务管理目标的实现。

第二，对企业财务职能进行优化整合，强化企业资本投资决策，完善对资本使用的控制职能，促进企业财务能力的提升。

第三，使企业盈利能力与偿债能力相统一或共同提升，以减少两者之间的冲突。

（二）财务共享中心的业务流程建设原则

建设财务共享服务中心的业务流程，要认真贯彻以下几项重要原则。

1. 从企业战略角度出发的原则

在财务共享中心的业务流程建设中，作为核心环节的流程再造是一种非常

① 朱超凡．中小企业财务管理信息化建设策略分析［J］．老字号品牌营销，2023（22）：143-145.

重要且有效的企业管理方式，采用这一管理方式与手段能够促进企业战略目标的实现。企业长期可持续发展的战略需要是流程再造的根本动力和出发点，企业管理者要站在战略发展的高度对流程再造加以推动，在流程再造过程中创造有利条件，提供所需资源。

2. 以人为本原则

进行财务共享中心的业务流程建设要贯彻以人为本的原则，使个人的能动性与创造力得到充分发挥，使员工在每个流程的业务处理中有效合作，鼓励员工创新，从而提高工作效率。

3. 以企业的资金运动轨迹为主线的原则

企业的资金运动轨迹包含企业资金筹集、资金周转、资金分配、资金循环利用等一系列的复杂系统过程。财务共享中心的业务流程建设要以企业的资金运动轨迹为主线，提高财务管理效率，降低财务风险，保证资金周转的正常、高效和安全。

4. 以为顾客创造价值为目标的原则

在财务共享中心的业务流程建设中，要注意识别哪些流程对顾客有增值作用，哪些流程对顾客没有增值作用，对增值性流程加以重组，将非增值性的流程剔除或简化，以此促进业务流程的优化和运作效率的提高。

5. 风险控制原则

建设财务共享中心的业务流程，还要防范与控制企业财务风险。财务风险是企业未来财务收益的变动性以及由此引起的丧失偿债能力的可能性。有效控制集团各个分公司的财务风险，能够使集团总部的财务风险得到很好的控制。

对于有较多资本市场业务或投资、并购频繁的企业来说，财务风险控制尤为重要。因此，在业务流程再造的过程中，要纳入风险识别、风险评估、风险预警以及风险应对等工作内容，在必要时还应在业务流程管理中将财务风险控制作为一项核心内容予以重视。

（三）财务共享中心的业务流程建设需考虑的因素

1. 流程成本、流程效率和流程风险

流程成本主要指业务流程在财务共享中心运作时的作业成本和资源成本。作业成本又包含作业变动成本、作业长期变动成本及作业固定成本。资源成本是指在经济活动中被消耗的价值，包含非消耗类资源成本和消耗类资源成本。

流程效率主要从业务流程运作的时间（速度）等方面进行评价。流程风险主要从风险管控程度出发进行考虑。

流程成本、流程效率及流程风险在某种情况下是相互矛盾的。例如，在外部结算付款时，采用手工付款方式对外付款，风险高、错单率高且效率较低；而借助信息化手段，通过网银或银企直联的方式对外付款，可以降低付款的错单率，提高付款效率，降低资金管控风险，但是软件投入成本较高。因此，要考虑成本、风险及效率三者的平衡点，结合企业的战略目标及信息化水平综合决策。

2. 流程客户满意度

流程客户满意度主要指被服务方的满意度，可以从两个方面进行考虑，一是上游环节对下游环节输出内容的满意度，二是外部客户的满意度。

3. 流程责任人

流程责任人主要从两方面考虑，一是明确节点责任人，二是明确节点责任人的职责与目标。

（四）财务共享中心的业务流程建设步骤

1. 业务流程分析

财务共享中心的业务流程包括其自身的运营流程和各业务中心业务改变后的流程。在业务流程建设中，要充分考虑实际业务的可操作性。财务共享中心运营的绩效与流程的优劣直接挂钩。

财务流程分析的目标主要是通过客观、理性的分析，寻找再造的关键财务流程，并分离基础业务流程与管理决策流程，实现分级管理。分析的内容包括现有财务业务流程的客户需求、业务流程运行中消耗的资源、内部风险控制、业务流程的稳定性测试、业务流程再造的投入产出比等。

2. 业务流程的优化和重构

业务流程的优化和重构是指在对现有业务流程进行分析的基础上，系统地创建和改造业务流程。在必要时，企业可能会针对一些新的业务和现有业务设计新的业务流程，从而改善企业的短期绩效，但随着时间推移，绩效的改善程度会逐渐降低。

系统化改造现有业务流程是为了使企业通过优化业务流程更快速、高效地提升顾客响应速度与满意度。业务流程优化的核心是为顾客增加价值，所以消除非增值活动与调整核心增值活动是改造现有业务流程的焦点，这主要在清除现有业务流程中无法为顾客提供价值的行为的过程中体现出来。

由于企业集团规模大、部门众多、业务复杂，在经营活动中经常有些行为无法为顾客提供实用的价值，这就造成了资源浪费和效率损失。清除这些行为是系统化改造业务流程的第一目标，在流程重构中，要尽可能消除或最小化那些无价值的行为，但前提是不给企业带来负面影响。

将企业经营活动中没有价值的行为清除后，企业应该从宏观发展战略和长远发展目标出发，简化与整合现有的业务流程，以使企业的业务运作更加流畅，使顾客需求得到更好的满足。系统化的业务流程改造还需要应用信息化技术推动整个业务流程的自动化，进一步促进业务流程运作效率的提高和质量的改善。

3. 逐步完善业务流程

财务共享中心的业务流程管理是持续性的，在业务流程管理过程中要及时了解企业战略决策的变化、组织结构的更新，了解企业拓展了哪些新的业务领域，顺应企业的新发展。这就需要在业务流程建设中进行内部持续优化机制的建立，从而持续评估、改进业务流程，持续提升业务质量，与企业的战略目标、业务拓展方向保持高度一致，防止因业务流程管理不及时、不到位而影响财务共享质量。

在持续改进财务共享中心业务流程的过程中，要注意对业务流程细节的改进，在必要时采取流程再造的方式来改进业务流程。不管采用哪种改进方式，都要根据企业整体的战略决策去明确改进的目标，还要兼顾成本与效率，满足合规性要求。

财务共享中心业务流程的持续改进对管理团队的专业能力提出了非常高的要求，管理团队不仅要熟练掌握流程变革的技能，还要具备创新意识，而且必须信念坚定、洞察力敏锐；同时管理团队内部要合理配置，充分发挥每个管理人员的作用，从而提高持续改进的效率。

（五）财务共享中心业务流程建设的注意事项

在财务共享中心业务流程建设中要注意以下要点。

1. 明确流程再造的主要参与人员

在财务共享中心业务流程建设中，作为核心环节的流程再造应该由一支优秀的团队来负责，主要人员安排如下。

（1）领导者

领导者应该由级别在财务部总经理以上的管理层担任。领导者肩负流程再造的重要使命，要在既定流程再造目标的指引下，创造良好的环境。

（2）流程总监

流程再造主要是解决财务共享中心的程序性问题，其实际操作比较艰难，应该由经验丰富的企业掌舵人担此重任。所以，建议由企业的财务副总经理担任流程总监一职，对流程负责人、流程再造项目小组进行直接领导，并协调跨部门的流程再造活动。

（3）流程负责人

流程负责人应该由相关部门中熟悉部门专业知识和业务流程的人担任，以便开展跨部门合作。

（4）项目小组

流程再造项目小组主要包括下面两类人员。

①在流程中的工作人员。对这类人员的基本要求是非常熟悉流程中的专业知识，而且对现有流程的利弊了如指掌。

②不在流程中的工作人员。这类人员主要从外部对现有流程进行观察、分析，提出流程再造的解决方案。

（5）指导委员会

指导委员会由企业相关部门的主管组成，其主要职责是对流程再造项目和流程再造过程中的全局性问题加以解决。

2. 掌握合适的时机

流程再造要选好时机，尽可能地在企业市场份额急剧扩大时进行，这样才会充分暴露出企业原有流程中不符合企业发展战略的问题，从而采取流程再造的方式来消除违背企业发展战略目标的因素，用新的流程去促进企业市场份额的进一步扩大，使企业成功超越竞争对手。

此外，对于一个企业来说，在收益稳定时也适合进行流程再造，只要抓住这个机会就能够使企业脱胎换骨，焕然一新。因为在这个时候，企业的人力、物力、财力都比较雄厚，整体实力很强，能够为流程再造奠定良好的基础。

3. 建立自身的财务流程

不同企业因为行业属性和特征不同，其业务流程也有一定的差别；即使是属于同一行业的企业，其业务流程也未必相同。企业的业务流程状况主要受企业规模、企业文化传统、企业发展史、企业管理方式以及企业所处环境等企业自身因素的影响。不同的企业因为这些因素中个别因素或若干因素存在不同，其业务流程也会有所区别。

从上述分析来看，各个企业都应该从本企业的特点、现状出发对业务流程进行设计，推进业务流程再造，使其与本企业的发展规模、发展现状及发展趋势相适应。任何一个企业都不能完全照搬其他企业的流程再造经验来设计本企业的财务业务流程。

（六）财务共享中心业务流程的科学实施

分析并重新规划设计财务共享中心的业务流程后，必须进一步推进和执行流程，防止业务流程流于形式。如果不执行新的业务流程，随着时间的推移，企业的业务流程就失去了有效性。因此，完成业务流程设计后，必须及时地、有组织、有计划地推进业务流程的实施。

一般情况下，财务共享中心业务流程的实施要经历下列几个步骤。

1. 组建团队

财务共享中心业务流程的实施与推广需要高层领导的大力支持，因此要组建一支包含高层领导在内的实施与推广团队。团队中还应该有一定数量的财务工作者与业务骨干，这些成员要有很强的业务能力、丰富的业务经验和一定的创新能力。

2. 选择试点流程

实施与推广业务流程时，可以先从一个分支单位入手，选取具有代表性的部门进行试点。选取的部门要具备业务流程实施成功率较高、流程管理效果显著等条件，这样更有利于顺利实施业务流程，减少阻力，及时获取业务流程实施反馈信息。

一般来说，财务共享中心业务流程中适合作为试点的是费用报销流程、应付流程，适合作为试点单位的是集团主要分公司。

3. 实施总结

试点过程是复杂的，在这个过程中要不断发现问题、解决问题和调整方案。因此，流程推广团队需要向业务前端不断深入，及时了解试点过程中存在的问题，找到问题成因，提出解决问题的有效方案。同时，流程推广团队要随时与领导保持沟通，第一时间汇报试点进度情况，整体把控试点实施过程。

在财务共享中心的业务流程实施中，财务核算流程是主要聚焦点。在该流程的实施中，要及时了解财务核算者的信息反馈，充分了解客户的感观和意见，听取客户的合理建议与意见。

4. 逐步推广

在业务流程的推广实施中，要制定推广计划，分阶段落实计划。业务流程的实施和推广并不是一帆风顺的，在这个过程中必须加强对人员的培训，讲清楚新的业务流程与原流程的区别，减少人员的抵触情绪，并积极配合业务流程推广。同时，高层领导也要在恰当的时机用合理的方式将业务流程再造的意义和价值讲述给员工及合作伙伴，积极推动新的业务流程的落实。

在业务流程的实施过程中，要保证业务流程设计方案的有序推进，并在实践中检验业务流程设计方案的科学性与合理性。在全面推广业务流程的过程中，要对相关信息进行收集和汇总，从多维度分析业务流程的实施绩效，包括时效、质量、成本等，进而不断优化业务流程。

总的来说，财务共享中心业务流程的建设与实施是密不可分的。业务流程的设计、实施以及持续优化是一个连贯的过程，各个环节密切衔接，缺一不可。

二、财务共享中心的运营

（一）财务共享中心的运营模式

财务共享中心的运营模式主要有基本模式、市场模式、高级市场模式与独立经营模式四种。

1. 基本模式

财务共享中心的基本定位是企业内部的职能中心，其主要职能是为成员单位提供基础会计核算、财务信息加工等跨组织、跨地区的专业支持服务。按照基本模式建立财务共享中心，主要是通过合并和整合日常事务性会计核算处理和资金经营活动消除冗余，实现规模经济，最终实现降低成本和流程规范化的目标。基本模式下的财务共享中心强调流程的标准化、组织的灵活化、分工的专业化和能力的核心化。

2. 市场模式

基于基本模式发展起来的市场模式摆脱了原先内部职能部门的定位，重新定位财务共享中心，即独立运营责任主体。财务共享中心作为虚拟的经营单位，其服务不再是托管的，而是由接受服务的客户全面掌握决策权。这种模式下的财务共享中心要不断优化业务流程，根据业务流程与标准提供服务，以提升服务质量和服务的专业化水平。

3. 高级市场模式

财务共享中心在高级市场模式中有更加突出的外向型特征，该模式下的财务共享中心面临的外部竞争更多，服务对象的自主权更大，客户可以在现有的多个财务共享中心中进行选择。当客户认为内部共享服务机构的服务数量或质量不能满足自身需求时，就会自由更换，甚至从外部购买所需服务。

采用高级市场模式主要是为了引入竞争，向客户提供、推荐最有效率的供应商，供客户进行决策选择，最终促进财务共享中心服务的优化和客户满意度的提升。

4. 独立经营模式

依照独立经营模式建立的财务共享中心作为独立经营实体而运作，其定位是外部服务提供商，不仅向企业内部提供产品和服务，而且向外部客户提供服务。在独立经营模式下，财务共享中心凭借其专业知识、专业技能以及第三方外部服务机构、外部咨询机构等展开竞争。

该模式下的财务共享中心改变了过去的成本中心局面，转型为利润中心。随着互联网、云计算等现代技术的广泛应用，财务共享中心的非核心业务众包模式也逐渐得到了认可和采用。

（二）财务共享中心的运营管理

财务共享中心的运营管理涉及诸多方面，下面重点分析运营中的目标管理、知识管理、人员管理、质量管理、绩效管理以及风险管理。通过全方位的管理，可以促进财务共享中心顺利运作，提高服务质量。

1. 财务共享中心运营的目标管理

对于任何一个人来说，都是先有目标，才能确定工作，而不是先有工作才有目标。对企业来说也是如此，企业在明确自己的使命，确定自己的任务后，要将此转化为奋斗的目标。企业管理者行使管理职能也是参照明确的目标来管理下级的。当企业的总目标确定后，必须将其有效分解为各个部门的分目标，由各部门管理者依据分目标来展开考评工作。

在财务共享中心的目标确定之后，就可以对财务共享中心的活动成效进行估量，为绩效管理奠定基础。在目标明确后，财务共享中心的努力方向也得到了明确。因此，必须为财务共享中心确立明确的、统一的目标，并将该目标贯穿于各项活动中。具体的活动要参照经分解后的若干子目标而开展，各个子目标之间相互联系、彼此促进。一般来说，在财务共享中心的不同发展阶段确立的目标各有侧重。

独立经营模式下的财务共享中心作为独立运营单元，要为不同成员单位提供相应服务，需要确立以下几个总体目标。

第一，降低财务共享中心的运营成本。

第二，提高财务共享中心的业务处理效率。

第三，优化财务共享中心的会计信息质量。

第四，满足财务共享中心客户的需求。

2. 财务共享中心运营的知识管理

财务共享中心是一个以财务业务为基础的从事共享服务的组织，其或隶属于集团财务部门，或与集团财务部门平行。无论是哪种组织定位，财务共享中心在运营过程中都要建立知识体系，而且在建立过程中都会受到相似因素的影响，如专业服务知识因素、服务技能因素等。在知识体系的建设中，要从以下两方面加强知识管理。

（1）设立知识管理组织

一般情况下，知识管理组织可以设立在整个财务共享中心。该组织主要由下列三个层次组成。

①推动层。财务共享中心的管理层一般是知识管理组织的推动层。推动层在知识管理组织中主要发挥落实知识管理的作用，使财务共享中心在整体上注重知识管理，形成良好的管理氛围。在知识管理的整个过程中，推动层的工作量虽然是比较少的，但所起的作用却是具有决定性意义的。

②支撑层。在知识管理组织中，支撑层是核心部分，他们在知识管理中是以全职身份参与工作的。一般要以财务共享中心的规模为依据来设置支撑层的具体人数，其中必须有一位知识经理，而且必须是全职身份。知识经理的主要职责是设计整个知识体系的运作流程，监管流程的实施，并在知识管理中发挥承上启下的作用。

③执行层。通常而言，知识管理组织中的执行层是由各个项目的基层人员组成的，他们以兼职身份从事工作。知识管理的实施面向的是财务共享中心的

所有员工，与员工所处的基层环境息息相关，脱离基层环境，就无法落实知识管理。因此，知识管理组织中的执行层应该由各个项目的基层知识经理组成，这将有效推动知识管理的落实。执行层知识经理的主要职责是与项目成员共同执行上层知识经理分解下来的任务。

知识管理组织的三个层次缺一不可，这对建设财务共享中心知识体系具有重要意义，也能够为之后的组织管理工作打好基础。

（2）建立知识数据库

建立财务共享中心的知识数据库，就是对其中的内部数据、档案、文件加以筛选、分析，然后进行融合，并在内部数据库中加以存储，使其成为可用的知识。这是对财务共享中心的内部知识进行系统化改造与利用的一个重要手段，便于每位成员从数据库中快速查阅和获取知识。员工也可以通过一些渠道对这些系统化的知识进行分享与传递，常见渠道主要有会议、培训、公布栏等。

3. 财务共享中心运营的人员管理

财务共享中心以标准化的基础业务为主要工作内容，组织内部专业分工明确，员工数量众多。财务共享中心的管理者常常会思考：如何吸引合适的员工？如何使员工尽快适应环境，承担岗位职责？如何使员工发挥最大潜能？如何保留核心员工？加强对财务共享中心的人员管理，能够帮助管理者找到这些问题的答案。

在人员管理中，人员选拔与培训是两个非常重要的环节，下面将重点对此进行分析。

（1）人员选拔

财务共享中心是基于财务业务提供共享服务的组织，作为集团企业的中心机构，其人才选拔比服务外包集团企业更严格，要充分考虑专业知识、服务技能等因素。财务共享中心中优秀的从业人员需要具备多种素质，在人才选拔中要从这些素质着手来考核，提高门槛，保证人才质量。

（2）人员培训

人员培训的目的是对从业人员进行专业化分工，促进工作内容标准化。培训可以保证工作产出的一致性，保证稳定的服务水平。财务共享中心的人员流动率相对较大，而完善培训体系有利于新员工在短时间内适应岗位，有利于提高士气，让员工对未来发展空间抱有期望，也有利于留住内部核心员工。

财务共享中心需要建立一个系统的、与业务发展及人力资源管理配套的培训体系，其中主要包括培训管理体系、培训课程体系以及培训实施体系。

4. 财务共享中心运营的质量管理

企业实现财务共享后，业务规模和市场份额会不断扩大，此时企业的信用需要以会计质量为保证。要使财务共享实现可持续发展，就要对财务共享的质量进行管理，对质量风险进行控制，以促进财务共享服务效率的不断提高。

（1）质量检查流程

质量检查重点检查各个职位的工作人员是否按操作规范及标准开展工作，有利于促进员工质量意识的强化，使各项作业成果尽量都符合质量标准。

（2）全面质量管理

在财务共享中心运营的质量管理中，要树立全面质量管理理念，对全面质量管理体系进行构建。全面质量管理就是以质量为中心，以全员参与为基础，其目的在于通过让客户满意和让本组织所有成员及社会受益而取得长期成功。

财务共享中心的全面会计质量管理工作主要从以下三个方面展开。

①建立标准。在质量管控机制的构建中，要以岗位质量责任制为基础。财务共享中心将资金、合规的资产业务以及合法的审核业务提供给各部门和分支机构，并要保证所提供的服务达到相应的标准，以提升服务质量。

一般来说，正确性、及时性、灵活性是财务共享中心服务质量标准的三个主要方面。除了要对服务标准予以明确外，财务共享中心还应该有专门的人员从事对服务标准是否落实进行监督检查，具体从账务核对、合规性检查等方面开展监督检查工作，通过服务质量自查来提高服务质量管理成效，不断优化服务质量。

在服务质量自查中，还要明确对账检查的工作标准，参照日常审核情况来明确规定工作时限、对账检查标准及结果汇报路径等，这对更好地开展服务质量督查工作具有明确的指导意义。

②过程控制。明确服务质量标准和质量管理计划之后，要采取科学有效的方法去实施计划，落实质量标准。在此环节中，财务共享中心既要面向管理者开展监督检查工作，又要面向客户提供单据审核服务。这些工作都是以保障质量达标、提升服务、控制风险为目的的。

在执行服务质量管理计划的过程中，要确定具体的计划落实方案，根据需要分解计划，将不同部门、人员的责任界限、职责分工明确下来，从而促进质量管理计划的高效实施。

③持续改进。持续改进主要包括监督管理和总结改进两个方面的工作。

执行计划结束后，要检查执行效果，分析执行过程中遇到的问题及原因，最后总结计划执行结果。

财务共享中心应该安排专门人员从事质检工作，抽查相关作业人员对其工作成果进行质检，将检查结果纳入员工绩效考核指标。

对于质量检查中存在的问题要尽快总结和处理，同时也要总结成功的经验，并加以传播和推广。在解决问题时，可对照计划进行梳理，判断问题的性质和严重程度，从多种解决方案中找到最佳处理方案去解决问题。对于这次计划中遗留的问题或没有完成的目标，应放到下一个全面质量管理计划中去解决，争取达成未完成目标。

5. 财务共享中心运营的绩效管理

财务共享中心运营的绩效管理从制定绩效计划、执行绩效计划、绩效考核三个方面展开。

（1）制定绩效计划

在实施绩效管理的过程中，制定绩效计划是第一步。财务共享中心要层层分解已经确定的战略目标，在每个具体岗位上落实各个目标，然后进行岗位分析，将各个岗位人员的工作职责、工作目标明确下来。财务共享中心的管理者和成员应共同参与目标分解和确定岗位目标的工作。明确的工作职责与目标是制定绩效计划的主要参考依据，只有将岗位员工的责、权、利明确下来，才能在计划中进一步明确不同岗位人员在考核绩效周期中做什么、何时做完以及完成程度等问题。

财务共享中心各个员工的个人绩效计划需要由员工的直接上级制定，但员工本人也要参与进来，并承诺完成计划中的各项内容。只有这样，才能提升员工对个人绩效计划的认可度，才能使其更加自觉地执行计划，并认真完成任务，达到目标。

在确立财务共享中心绩效目标时既要考虑现实情况，又要考虑可能发生的变化。当发现很难实现预期目标时，就要分析原因，并对目标进行调整，确保目标是切实可行的，是经过努力可以实现的。

（2）执行绩效计划

在绩效计划的执行过程中，最关键的是做好绩效沟通和绩效辅导的工作。

①绩效沟通。管理者要经常性地监督和检查员工的日常或阶段性工作成果，及时与员工沟通工作内容和进度，了解员工在工作中遇到的难题，给予员工必要的支持和帮助，包括物质上的支持、精神上的支持以及其他方面的帮助。若发现员工的绩效计划实在无法执行下去，就要及时调整，使之符合现实情况。

②绩效辅导。在绩效计划的实施过程中，管理者要转变为辅导者的角色，并发挥重要的辅导作用，持续辅导员工，保证每个员工的工作都与组织的战略目标相契合，通过辅导促进员工工作能力和绩效水平的提高。

（3）绩效考核

绩效考核是绩效管理过程中最艰难的一个环节。绩效考核因评价的对象、工作性质、工作特点不同而不同。比如，高层和一般操作类员工由于各自管理的范围和承担的责任不同，对其采取的绩效考核方法也要有所区别。

财务共享服务中心不能只是一味地采用单纯的KPI绩效考核，特别是对于管理人员以及技术支撑人员，采用全方位的绩效考核法更为合适。

全方位考核法又称为“360度考核法”，是一种从不同角度获取组织成员工作行为表现的观察资料，然后对获得的资料进行分析评估的方法。这种考核方法包含外部评价、内部评价等多维评价来源，评价结果更全面、客观，特别适用于需要为企业内外多部门、多利益方提供服务的财务共享中心的绩效考核。此外，全方位考核避免了员工只在意自身绩效的情况，能够积极促进团队内部成员间的沟通合作和知识共享，对提高财务共享中心的整体绩效具有重要作用。

6. 财务共享中心运营的风险管理

财务共享改变了传统财务管理模式的弊端，提高了企业的管控水平，加强了企业应对风险的能力。但是，财务共享也会面临诸多变革性问题，如组织结构调整、财务人员转型、财务业务工作流程重构等，这就使财务共享实施充满风险。

财务共享实施风险指的是企业实施财务共享的结果与预期目标存在差异的可能性，这种可能性会使目标无法实现，如实施后将导致成本上升、财务业务处理效率下降、无法开展财务业务、人员流失、不被客户认可等。

具体来说，财务共享中心运营过程中的常见风险主要有六种类型（见表5-6）。

表 5-6　财务共享中心运营过程中的常见风险

常见风险	风险表现
战略规划风险	①风险认识不足 ②计划准备不足 ③业务范围界定不合理 ④选址地点不当
组织管理变革风险	①组织内部冲突 ②业务变更不适应 ③组织结构调整不适当 ④制度制定不合理
系统建设风险	①系统集成与整合能力不足 ②系统设计不合理 ③系统支撑力薄弱 ④系统安全和稳定性不足 ⑤数据共享风险
流程变革风险	①流程标准化统一与设计不合理 ②新旧流程衔接不顺畅 ③流程执行不力 ④新流程应变力不足 ⑤流程运转风险 ⑥票据流转风险 ⑦流程优化风险
人员变革风险	①人员变革抵触 ②人员发展不合理 ③人员工作性质枯燥 ④人员沟通难度大 ⑤缺乏数据敏感性 ⑥人员操作风险
税务法律风险	①税务稽核难度大 ②税务政策反应不及时 ③税收政策选择风险 ④法律法规风险

下面将具体分析表5-6中六种财务共享中心运营风险的防控策略。

（1）战略规划风险防控

企业高层要对财务共享中心建设后的运营优化给予重视，增强风险意识，切忌急功近利，因为任何一项变革的实施都要循序渐进。管理者要从企业战略目标出发客观评估运营情况，并根据企业发展现状不断优化与完善财务共享中心的运营机制。

（2）组织管理变革风险防控

财务共享中心势必会给企业带来新的组织架构，企业需要对新组织架构中的角色和职责重新进行定义，明确各个流程的负责人及其相应的职责，对组织管理标准进行制定与完善。

（3）系统建设风险防控

企业在系统建设方面要考虑技术架构如何支持财务共享目标，并在财务共享服务中心的管控中要特别注重建设与维护数据库，对数据处理的模型和数据保护方法进行研究，使数据更加安全。

（4）流程变革风险防控

流程再造是财务共享中心的核心，为了更好地进行流程变革，企业要从业务影响和业务回报来排列流程变革的先后顺序，优先变革重要的流程。此外，企业应根据成本、其他比率等基准信息发现低效的流程及标准化机会，优化低效的流程，还要对现有技术和架构能否支持不同流程进行评估，从而使财务共享中心的运营更加顺利。

（5）人员变革风险防控

基于新的组织架构和流程，企业应对新的岗位及职责进行制定和明确，并在新业务模式下做好制定薪酬体系、加强人才培训、完善考核晋升机制等一系列工作。此外，还要发现员工的职业技能缺陷与职业素质问题，发现现有职业素质与所要求的标准之间的差距，从而有针对性地培养员工的专业素养，为企业建设优秀的专业人才队伍。

（6）税务法律风险防控

集团企业可以建立柔性税务管理平台，建设税务法律队伍、税务法规知识库，获取外部税务机关、税务咨询机构以及行业税务法规等最新信息，并及时将其补充到税务法规知识库中；同时，企业内部税务管理人员也可以及时发布相关税务管理和操作制度及规定，实现税务管理事前预警。此外，企业还可以通过税务管理平台建立税务风控模型，对税务风险进行及时预警，向财务管理人员提供重要信息，将其作为风险管理的参考依据，及时检查税务风险，思考规避风险的策略。

第六章　企业财务管理信息化创新实践

第一节　“大智移云”背景下财务共享的创新

在“大智移云”（大数据、人工智能、移动互联网和云计算技术）背景下，企业信息化建设成为企业实现价值增值的战略手段，而财务共享作为高度集权化的信息枢纽，能将企业各业务单元的财务核算职能精简集中，帮助企业节约管理成本，为企业制定战略决策提供参考，帮助企业实现价值最大化的战略目标。“大智移云”极大地促进了财务共享的创新升级。在大数据视角下，以财务共享中心为基础的企业战略转型主要体现在市场预测、生产管理、应收账款管理、营销管理方面；在人工智能视角下，财务管理人员将逐渐向复合型人才转型；在移动互联网视角下，财务共享将凭借移动终端实现审批流程移动化、报销程序移动化和其他信息传递移动化；在云计算视角下，财务共享将呈云端化，大致形成以云采集、云处理和云产品为整体运作流程的财务共享模式。在“大智移云”背景下提升财务共享的价值，需要企业进一步转变经营管理方式，加强队伍建设，增强风险防范意识[①]。

财务共享是财务管理的重要模块之一，全球一体化的推进使许多大型企业

---

① 孙成华.加快财务管理信息化建设步伐，提高国有企业财务管理水平[J].中国总会计师，2023（2）：154-156.

都开始进行财务转型升级，而财务共享以其显著的低成本、高效率的优势成为众多企业的首选，并展现出卓越成效。随着互联网技术的发展，企业信息化建设势在必行，传统的财务共享亟须转型升级，因此财务共享与“大智移云”技术的融合成为当前理论与实践领域的热门研究话题之一。

目前，我国新型财务共享的应用及研究仍处于摸索阶段。因此，本书基于“大智移云”的视角，分别从大数据、人工智能、移动互联网和云计算四个方面对财务共享创新升级展开了探讨。此外，“大智移云”技术的日益成熟，将极大地促进财务共享价值的提升，推动企业高质量发展。

一、“大智移云”背景下财务管理思维创新

新一轮信息技术颠覆了商业业态和企业经营模式，也推动企业财务由管理型向价值型转型。财务共享中心是企业财务数据的仓库、财务信息的集散地、财务管理的中枢神经，“大智移云”背景下财务共享中心的建设与应用，需要企业高层和财务管理人员从传统的会计思维转变为财务思维，进而转变为金融思维。因此，管理者财务管理思维模式的转变是财务共享中心顺应变革的前提条件，也是在新技术环境下，推动财务共享向2.0时代迈进的前提条件。

（一）新科学管理思维

财务共享的发展与新科学管理思维密不可分。在管理科学思想发展的路径中，早在18世纪80年代，亚当·斯密提出的“劳动分工”和“经济人”假设就已揭开了以流程划分运营过程的序幕。管理科学的发展经历了早期管理理论时期（20世纪以前）、科学管理时期（20世纪初至20年代）、行为科学理论时期（20世纪30年代至第二次世界大战时期）以及管理理论丛林时代（第二次世界大战后至今），存在着三种哲学体系，分别为客体至上的效率哲学体系、主体至上的行为哲学体系以及主客体统一的系统哲学体系。新科学管理就是强调将客体至上的效率哲学体系、主体至上的行为哲学体系以及主客体统一的系统哲学体系三者相融合的管理思维。

1. 客体至上的效率哲学体系

效率哲学体系起源于泰勒提出的科学管理理论，该理论主要研究如何提高企业价值创造流程的效率与效能，所关注的是生产作业流程。到20世纪中后期，哈默提出的流程再造理论开始关注企业输入到输出的整体流程。由此，新科学管理的雏形和思想渊源已然被提出。在效率哲学体系的思维模式下，企业

员工更多的是被管理层限制在降低成本、提高效率的框架里面，不能充分发挥主观能动性，容易步入“低士气”陷阱，不利于企业财务共享的可持续发展。

2. 主体至上的行为哲学体系

行为哲学体系源自行为主义理论，该理论主要强调人的主观能动性。在这个阶段，管理学主要以组织中人的行为为研究对象，从不同层次、不同角度研究管理中人的行为规律，以求通过理解、预测、引导和控制人的行为来实现组织的目标。在行为主义理论下，企业管理者要坚持人本观念，在管理活动中，坚持一切从人出发，调动和激发人的积极性和创造性，达到提高效率、增加企业价值的目的。

3. 主客体统一的系统哲学体系

系统哲学体系主要涵盖管理过程与价值创造流程的有机结合、组织结构与价值创造的有机结合。管理过程与价值创造流程的有机结合起源于法约尔的一般管理理论，其核心是管理的过程。组织结构与价值创造流程的有机结合起源于古典组织理论，其核心是组织结构。

新科学管理思维强调在降低成本、提高效率、改善服务质量的同时，积极调动企业员工的主观能动性和创造力。在“大智移云”背景下，财务共享中心的管理者应当具备新科学管理思维，在重视企业成本、效率和质量的同时，加强对员工的管理，关心员工的工作与生活，给员工创造一个温暖的工作环境，让员工享有一种归属感。与此同时，加强对员工的培训工作，提升员工的专业胜任能力，加强对员工新技术的培训，提升员工运用新技术的能力，提升员工顺应时代发展的能力；建立健全员工激励措施，提高员工工作热情，充分发挥员工的主观能动性，使其为企业创造更大的经济价值。

（二）柔性运营思维

财务共享以规模经济理论为基础，其以标准化、统一化的运营思维对企业内部各业务单位以及外部客户提供集中化处理，并在作业完成以后对服务质量进行测试。这种运营思维是刚性思维。

为顺应新时代背景下财务共享的改革创新，财务共享应具有灵活性，这就对财务共享中心管理层思维模式的转变提出了新要求，即管理者需具备柔性运营思维。在柔性运营思维模式下，对财务共享的需求具有不确定性、不可预测性和多样性，它是以范围经济为基础，而不是以规模经济为基础。在这种思维模式下，财务共享中心的员工由原来的一专一能转变为一专多能，有利于资源的优化配置，有利于充分利用资源，提高资源的利用效率。在柔性运营思维模式下，企业可进行多样化大批量生产，对企业业务流程过程进行质量控制，提升财务共享的质量。

刚性运营思维是财务共享与生俱来的，也是不可或缺的。但是，在大经济环境下，如何实施刚柔并济的运营思维是财务共享中心的管理者应该重点关注的问题，因为刚柔并济将是未来财务共享中心发展的必然趋势。财务共享中心的管理者树立柔性运营思维是刻不容缓的，组织的柔性、流程的柔性、人员的柔性以及技术的柔性，可为财务共享中心未来的发展创造更多的可能性。总之，在“大智移云”背景下发展财务共享中心，建立柔性运营思维是大势所趋。

（三）互联网运营思维

财务共享中心很早就与互联网展开了合作。依托互联网采取的网络报账、影像系统、银企互联等技术手段，使财务共享中心可以跨越地理距离的障碍，向其服务对象提供内容广泛的、高质量的、反应迅速的服务。这就要求财务共享中心的管理者具备互联网思维。互联网思维并不仅仅指依托互联网技术展开财务共享中心的运营，而是指互联网时代的一些思维模式，即用户思维、社会化思维和平台化思维。

1. 用户思维

财务共享中心的管理者应始终坚持以客户为中心，树立客户至上的观念，对客户的概念进行有层次的拓展，实现财务—业务—终极客户的拓展。同时，鼓励客户积极参与到财务共享中心的建设与发展过程中，鼓励客户根据自己对财务共享中心的体验，为财务共享中心的日常业务流程、服务与质量提出意见，增强客户的参与感，从而更好地改进运营、服务客户，使财务共享中心成为企业的经济增长点。

2. 社会化思维

社会化思维在互联网中的主要表现是外包、众包等概念以及社会化媒体在企业集团中的广泛应用。随着全球化的推进，外包服务应运而生。外包是指企业动态地配置自身和其他企业的功能和服务，并利用企业外部的资源为企业内部的生产和经营提供服务。企业将非核心关键业务外包给专业公司，可以减少业务人员数量，提高业务处理的专业性，降低营运成本，提高工作效率。外包服务的进一步发展促进了众包的出现，众包是指一个企业或机构将过去由员工执行的工作任务，以自由自愿的形式外包给非特定的（通常是大型的）大众网络的做法。众包模式使企业的员工不一定在职场中工作，使财务共享从物理集中到逻辑集中成为可能。社会化思维的兴起与发展也促进了财务共享中心与员工、客户以及外部人员之间的交流，能在很大程度上提升客户的满意度。因此，财务共享中心的管理者应具备社会化的思维，不能仅仅寄希望于内部员工，要充分利用外部资源，促进财务共享中心的进一步发展。

3. 平台化思维

平台化思维体现的是技术资源的整合，是连接供应方和需求方的桥梁。我国的财务共享中心也构建了技术平台，实现了企业与供应商的对接、企业与银行之间的对接。可以说，财务共享中心已经成为联通各方的平台。随着大数据、云计算、移动互联网等先进信息技术的发展，财务共享中心的管理者更需要具备平台化思维，充分利用先进技术，加快财务共享中心发展的步伐，建立“人人都是CEO的观点”，调动员工的积极性和创造性，使财务共享中心为企业创造更大的价值。

二、财务共享与互联网新技术的融合

互联网时代催生出大量充满活力的新兴产业，加剧了企业管理模式的变革。在互联网时代，互联网新技术与财务共享将碰撞出新的火花。将大数据技术运用到财务共享中，能够实现由以传统ERP系统为底层依托的初级共享模式到以云计算平台为支撑的高级“财务云”模式的转变。利用大数据挖掘技术可以收集对企业具有重大商业价值的数据，将智能设备与移动互联网技术相结合可以实现移动化。许知然认为，云计算能够给企业财务管理提供新的技术支持，将企业核心技术传送到云平台，节约系统维护成本并提高系统性能；同时，他认为在互联网时代，业务流程的支撑系统由传统的ERP系统转向云平台是必然的。

三、“大智移云”背景下财务共享的创新升级

大数据、人工智能、移动互联网和云计算的兴起和发展促进了企业财务管理模式的转型升级。信息技术的普及发展与企业财务管理相结合，能够优化财务共享职能，回归会计促进企业发展的经济本质。充分拓展应用大数据的收集、整理、分析及报告功能，有助于实现企业价值创新、财务监控、财务规划完善、战略决策制定等目标。人工智能作为科技发展的创新产物，逐渐被运用

于企业，将人工智能与财务管理有效整合，可以促进财务共享服务现代化、智能化发展。移动互联网的发展使财务共享更加灵活，可达到随时随地办公的效果。云计算技术使财务共享更加“云化”，主要朝着“云服务”“云平台”的模式发展①。

（一）大数据视角下的财务共享功能

在传统管理决策模式中，企业管理层的决策大多会根据自身的经验及判断对企业适应市场环境变化的措施作出调整。在大数据视角下，财务共享的决策职能大大提升，财务共享中心利用大数据技术可充分分析当前的经营决策、市场环境等要求，作出更加符合企业需求的管理决策。在大数据的宏观背景下，财务共享中心的优势能将其划归到企业战略层面。随着大数据技术的发展，以财务共享中心为基础的企业战略转型主要体现在市场预测、生产管理、应收账款管理和营销管理方面，如图6-1所示。

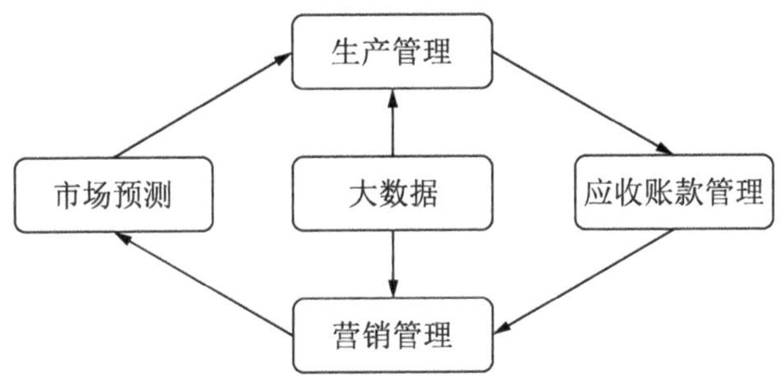

图 6-1　大数据视角下财务共享服务机制框架

1. 市场预测

企业市场调研与预测是经营决策的基本前提。在大数据时代，通过数据收集与分析将某一经济活动的过去、现状及未来紧密、持续地联系起来，可使预测数据更加可靠、准确，更贴近实际。利用大数据技术对用户的需求进行分析，了解消费者差异化、个性化及潮流化的消费倾向，有利于企业实时开展有针对性的产品生产。企业在进行筹资决策时，应通过大数据分析，综合考虑市场上的定量与定性因素，更加客观地确定预期销售额。企业通过充分比较，可以选择成本更低、风险更小的筹资渠道及筹资方式。此外，大数据分析可以有效把握市场的变化趋势，使企业对现金流的估算更加客观，进而使项目投资决

① 王晶晶．探析电力企业财务管理信息化现状和策略［J］．消费电子，2023（10）：75-77.

策更加科学。

2. 生产管理

业财融合的财务目标使得企业财务与生产经营联系紧密。运用大数据技术，企业可以收集客户与企业之间因交易而产生的大量动态行为，并对产品使用情况进行跟踪记录，形成动态数据，再对其进行挖掘与分析，将分析结果融入产品改进、设计和创新活动。在生产流程上，从不同角度（能耗分析、工艺进度、设备检验等）对生产过程中产生的大量数据进行挖掘分析，并在此基础上建立虚拟模型，能够改进生产流程、降低能耗、减少质量损失和提高设备营运效率。此外，高度自动化的设备在产品生产加工过程中记录了大规模的检测结果，利用检测结果进行质量分析，能够提高质量管理水平；利用大数据对生产管理的流程控制，能够巧妙地解放财务共享中心的决策职能。

3. 应收账款管理

应收账款变现能力的强弱是影响企业持续经营能力的关键因素，因此企业应收账款管理成为财务管理活动的重要组成部分。与经营相关的应收账款往往与下游企业信用评价息息相关，若应收账款信用管理不当，极易造成企业回款效率不高、营运资金链断裂，进而影响企业持续经营。因此，企业信用调查、评估成为制定合理的应收账款政策、科学管理应收账款的首要工作。与传统的信用调查相比，大数据技术能够在更大范围内进行客户信用评价查阅、信用变化追踪、支付能力实时调查等，从而针对不同信用评价等级的客户采取差异化的收账策略；对超过信用期时间较长且未付款的客户实施重点跟踪，分析信用变化原因，准确作出计提坏账准备，保证财务稳健性。财务共享中心的统一集中处理流程大大提高了应收账款管理效率，有效防范了企业资金链断裂。

4. 营销管理

利用财务共享中心的信息集中优势，再加上对大数据技术的合理应用，企业的营销管理战略可分为以下四个方面：一是通过收集用户数据分析用户行为与特征，并向他们传递准确的广告信息；二是对用户进行分级管理，设定消费者画像和各种规则，关联潜在用户与会员数据、客服数据，筛选目标群体进行精准营销，制定不同维度的用户标签；三是对竞争对手进行监控与品牌传播，通过大数据了解对手的行为动向，根据对手传播态势、行业标杆用户策划及用户的反馈等制定品牌营销策略；四是识别并控制品牌危机，大数据使企业能够快速洞悉品牌危机并及时作出反应，通过大数据及时收集品牌危机状况与焦点问题，启动危机追踪与预警机制，抓住源头及关键节点，从而快速应对危机。

（二）人工智能视角下的财务共享服务发展趋势

2017年，国务院发布的《新一代人工智能发展规划》中，明确了面向2030年的新型人工智能发展规划和战略目标。这一政策契机为大型企业集团降低财务成本、提高经营效率指明了道路，即在财务共享中心发展的基础之上探索使用“智能自动化”财务系统。随着人工智能技术的日趋成熟，财务机器人的优势日益突出，高效、低成本、高精准性成为其显著特征，自动完成传统的机械重复性工作已经成为智能标配。

1. 财务机器人的应用

人工智能与传统财务软件的本质区别体现在智能化与自动化上。传统财务软件仅仅替代了基础的手工记账，但人工智能则进一步推动了业财融合，比如传统模式的账表是由财务人员编制的，而现代化账表是人工智能根据业务自动生成的。随着人工智能技术的不断发展，其在财务领域的应用范围逐渐扩大。财务人工智能最终的目标是利用智能财务机器人自动完成机械重复性工作。与人工财务数据处理模式不同，智能财务机器人在票据识别、财务数据加工等方面，均优于人工操作。其可根据手工录入的原始数据自动生成记账数据，在其智能化系统内部完成大量财务数据的计算与分析，依据精确的分析结果，自动生成科学合理的未来规划。

2. 财务管理人员的转型

人工智能的发展同时带来了巨大的危机与挑战，财务共享中心精减了大量岗位，但随着人工智能的发展，财务管理人员真的会消失吗？虽然人工智能提升了自动化处理财务业务的能力，但是其职能的发挥依然离不开财务管理人员的操作，财务管理人员在财务共享中心建设过程中依然发挥着至关重要的作用。在人工智能视角下，财务共享中心对财务管理人员提出了新要求：工作流程规范化、工作性质专业化、工作职能由核算向管理趋近、注重综合素质及复合型能力的提升。虽然人工智能强化了财务核算职能，释放了财务资源，并提高了财务生产力，但财务的管理控制、分析决策和核心业务处理仍需要专业性更强的复合型财务管理人员完成，比如针对会计政策变更、会计估计、财务综合性分析等酌量性考虑需由人工完成。财务共享需要对企业财务业务进行多元集中处理，涉及总部与子、分公司的业务往来和信息传达等方面，财务管理人员仍在其中发挥着显著作用。这不仅要求财务管理人员具备较强的财务数据分析及决策能力，还要求其必须具备较强的沟通能力，以保证信息在企业集团内部的有效传达。因此，企业需加强培养复合型人才，健全人才培训体系，提高财务管理人员综合素质，保障财务系统稳健运行。

人工智能的发展从短期来看确实会对财会人员造成冲击，但放眼未来，解放财务基本核算职能、财务会计向管理会计的转型发展趋势已成为必然，促进人机交互融合，助力企业价值增值已成为财务管理人员未来职业发展的趋势。

（三）移动互联网视角下财务共享服务的“移动化”

移动互联网技术被普遍应用于商业领域，其对财务共享发展的作用是显著的。“互联网＋移动”在财务共享中优势尽显。在企业构建的移动网络中，分散的移动节点与总部联结，提高了信息传播效率，跨越了时间、地域的局限。本书认为，移动互联网技术能高效地被应用于企业日常的业务流程中，比如费用报销、审批程序等，因为这些流程在子、分公司呈散点状态，移动互联网技术能巧妙地解决程序上烦琐的问题。此外，利用信息的双向传导效应，可在财务共享中心的统一管理下，借助信息传播优势，构建并完善信息网络。

1. 审批流程移动化

智能手机的盛行促使移动软件快速发展，为财务共享的创新发展提供了条件。众多企业都研发了符合自身特色的办公软件，其中针对大型企业的财务共享管理模式比如业务审批流程管理得到进一步完善优化，将业务审批环节延伸到移动端，使领导对相关业务的审批不再受地域和时间的限制。移动端的审批流程节省了大量的审批时间，使财务管理人员能将更多时间投入企业价值创造中，如图6-2所示。

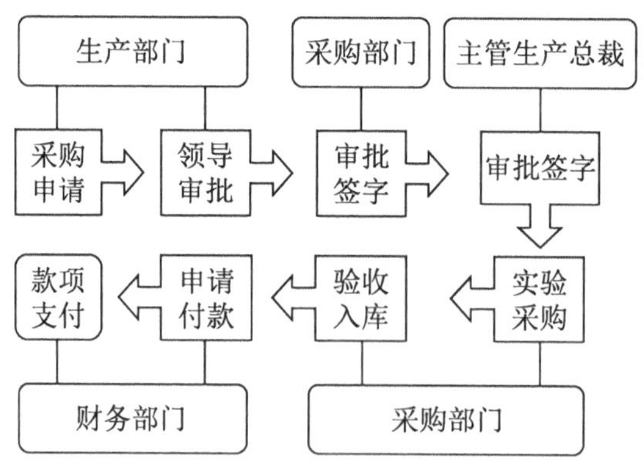

图 6-2 企业付款流程

2. 报销程序移动化

企业业务遍及各地，其经营活动会产生大量的报销费用。在财务共享下，企业的财务报销系统采用统一处理、集中管理模式。传统的报销程序往往存在模式固化、灵活性较差、程序执行周期较长等情况。在移动互联网技术的支持下，遍布各地的业务人员可以实时进行费用报销。比如，业务人员可以在移动端通过原始数据录入或者拍照的方式将费用情况及时地传到企业财务系统中，由财务管理人员根据上传的信息对报销情况进行审核处理，再利用发达的网络支付技术快速将业务使用资金转入业务人员移动端。管理层可以通过企业整体财务视角对报销申请、报销信息传递、报销审核及报销完成的整个过程进行监控，这使报销过程变得透明化、可视化。

3. 其他信息传递移动化

企业通过构建移动互联网网络体系可以实现组织内部信息的有效传递，比如企业经营目标可通过移动互联网技术传送到每位员工的移动端，员工可以随时随地做到信息查阅及项目跟进，有助于保持个人目标与企业整体目标的一致性。此外，员工可以及时了解绩效考核情况、企业最新动态等信息，还可以通过信息交流平台实现双向互动，这也是财务共享中心努力改进的方向。

移动互联网技术在财务共享服务方面的应用主要体现在企业内部各业务单元、业务个体的信息沟通上，其提高了业务流程执行效率，完善了企业内部信息沟通机制。充分发挥移动互联网的信息传递优势是财务共享创新的必然趋势。

（四）云计算视角下财务共享中心的构建

企业对财务共享的探索道路最终归于财务数据的云端化，即云计算技术将成为未来企业竞争的关键因素。

1. 云计算系统框架

在云计算支持下，财务共享呈现云端化趋势，其系统框架分为云端和客户端两个方面，如图6-3所示。在云端的四部分构成中，网络服务主要提供数据导入的支持载体，其中包括网址、认证和邮件服务；数据管理主要是对各种数据进行分类并储存；应用支撑层向财务共享中心提供流程设计、网站运营、统计分析等服务；应用层是财务共享中心功能模块中最重要的部分，其职能主要包括报账、集中核算和支付；客户端是云计算的输出端口，根据不同指令通过云计算系统输出信息。

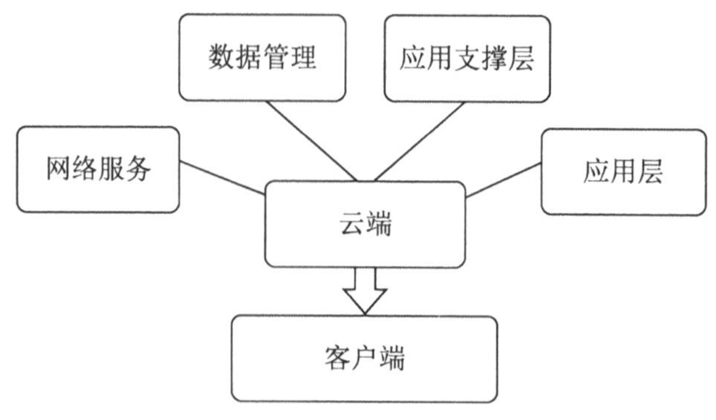

图 6-3　云计算系统框架

2. 云计算系统业务流程

“云”思维与先进信息系统的有机结合，能够将财务共享中心的共享优势充分发挥出来。首先，业务人员将收集到的数据利用网络上传至云端，利用云存储功能将业务数据储存起来，需要审核的原始数据会被系统细分为各个要素；其次，财务共享中心对被细分的要素进行处理（审核、加工、组合）；最后，系统根据客户需求自动生成凭证和报表输出至客户端。在云计算技术下，财务共享中心的整体运作流程可分为云采集、云处理和云产品三步，如图6-4所示。

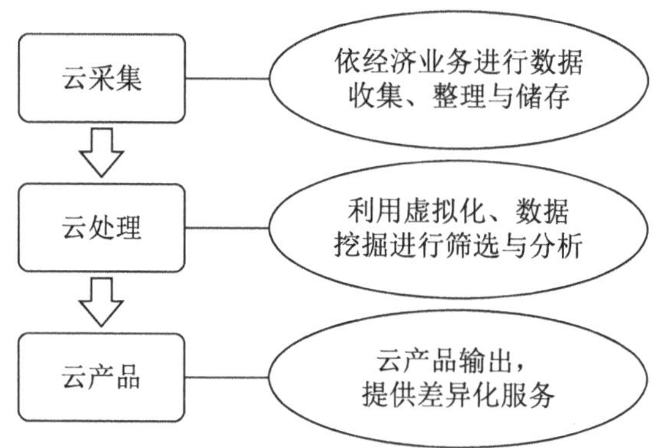

图 6-4　云计算系统运作流程

四、“大智移云”背景下对财务共享发展的思考

（一）转变经营管理模式

在“大智移云”背景下，财务共享的创新需要管理层树立全局思维，努力

转变传统的经营管理模式，紧跟快速发展的时代潮流。企业经营管理模式的转变主要体现在决策体系的转变——由少数人决策转向多数人合作。全员参与决策的合作模式使更多的信息、知识能相互沟通，构建资源平台或知识储备库是“大智移云”背景下的经营管理决策基础和必然要求。

（二）加强人才队伍建设

企业竞争的本质是人才竞争，企业资源整合的能力决定了企业的竞争力，强化专业人才培养是其中的关键所在。在“大智移云”背景下，企业应加强对各类数据的收集与分析能力，加强人才队伍建设，在互联网、计算机、数据挖掘与分析等方面加大对专业人才的培养力度，同时引入适当的薪酬激励机制，激发其在财务共享及企业价值增值方面作出更大贡献的积极性。

（三）增强风险防范意识

财务共享中心的稳健运营需要企业建立风险防范机制，从而从职责上细化使用权限，有目的、有计划地对员工进行专业培训，建立数据库安全校验与应急程序的流程机制，让安全检测人员将检测结果直接对接企业管理层，以保证数据的安全性。

大数据、人工智能、移动互联网和云计算技术给企业商业模式及财务管理带来了革命性变化。在互联网时代，大数据的挖掘与分析为企业带来了巨大价值；人工智能取代了基本的会计核算功能，正向更复杂的财务领域进军；移动互联网优化了业务流程体系，其高效灵活的特点为财务共享的创新添砖加瓦；云计算技术的发展促使财务共享迈向云端化，通过“财务云”的建立为企业集团创造出更大的价值。

在“大智移云”背景下，风险与挑战并存，企业应转变传统的经营管理模式，加强专业人才队伍建设和做好风险防范措施，为企业信息化建设提供有力保障。企业的信息化程度直接决定其战略方针、经营模式及管理程序的维度，而这也在一定程度上决定了企业财务共享与“大智移云”的融合深度。

五、财务共享创新的配套策略

（一）强化企业高管意识，建立员工管理机制

财务共享的改革创新离不开企业管理者和员工的共同努力。企业管理者是财务共享发展的主心骨，必须与时俱进，始终保持思维模式的先进性，善于借

助先进科学技术，促进财务共享的发展。员工在财务共享服务的发展中起着不可忽略的作用，员工的工作态度、文化差异管理以及数据分析能力方面都对财务共享的发展构成了挑战。

首先，企业应加强对员工的培训，为员工创造不断学习的机会，更新员工的知识体系；加强对员工岗位管理，建立岗位轮换制度，减少员工的懈怠感，建立岗位绩效考核制度，对员工绩效进行考核，奖惩分明，激发员工的工作热情。

其次，实施财务共享的企业大多为规模较大的跨国公司，因此财务管理人员在处理业务过程中，不得不处理包括小语种的业务。为解决这一问题，企业应该提高人才招聘的要求，招聘掌握多种语言的全能型人才，或者对已有员工进行专业知识的外语培训。除此之外，企业也可以为财务共享中心配置外语翻译人员。

最后，“大智移云”背景下财务共享对数据分析技术的要求比较高，财务共享中心每天需要接收海量的业务数据，并利用大数据分析、分布式处理等技术对数据进行分析，把大量结构化和非结构化的数据转化为通俗易懂的有效信息。因此，企业要高度重视员工的数据分析能力。招聘数据分析师是最便捷的方式，但是会增加企业的成本。因此，企业可以加强对企业员工的培训，为企业培养实用人才。

（二）持续优化业务流程，推进财务业务一体化

依靠云计算技术，结合大数据和移动互联网的发展，财务共享可发展成为“财务云”。在先进科学技术的推动下，财务共享中心应当加强集团业务流程再造，使财务共享中心的财务系统与各业务单位的业务系统通过云平台建立协同互动的关系，使企业的财务会计工作的中心由原来的会计核算转移到财务分析及财务决策上；对财务管理人员进行重新分配，将负责财务决策的财务管理人员留在总部，将财务技能强、业务素质高的财务管理人员分配到分、子公司项目部，总体提升企业财务管理能力，为企业创造价值，推动财务职能的转型，顺应国家法律法规的要求。

（三）建立企业核心数据库，关注数据安全机制

云计算、大数据等技术为企业财务共享服务的发展提供技术支持，在财务共享转型创新的道路上起着举足轻重的作用，但是海量的数据存储在云服务器中，数据存储和数据传输的安全问题显得尤为重要。

首先，加强网络安全的防护工作，积极应对外部网络的非法入侵、病毒攻击、木马感染等危害网络安全的行为，集团可以招聘网络安全方面的优秀人才为网络安全保驾护航，并及时进行安全软件升级，不定时地进行网络杀毒，减少网络安全问题发生的概率。

其次，财务共享中心对在云平台操作的登录者的权限和业务范围进行严格的限制，并进行用户的授权与认证，确保不同身份的用户在云服务器中的操作范围是不同的。

最后，财务共享中心对不同的数据采用不同的加密方式，使财务数据信息在物理上实现隔离。随着共享服务外包业务的不断发展，还要将自身使用的和对外租用的服务器存放在不同的机柜，将企业自身和外部企业的云服务划分在不同的网络区域，确保对各自的数据进行有规则的管理，避免粗心大意带来的损失。

（四）建立健全法律法规，推动云服务发展

云计算可以促进财务共享领域的商业化，因此，政府相关部门应建立完善的法律法规，严格审核“财务云”服务供应商的从业资格，确保其具备良好的信用和精湛的业务技术，能够保证数据库的安全，让中小企业能够放心使用。同时，建立第三方商业平台监督机制，在保证信息安全的同时提升其公允性，按期审核“财务云”服务提供商的服务资格，一旦出现问题必须及时更正，确保出包方的合法权益。

第二节　信息化背景下某电力公司财务战略转型案例分析

一、某电力公司财务战略转型的动因

（一）信息技术发展的推动

近年来，以数字化、网络化和智能化为特征的信息技术正在飞速发展。没有信息技术，企业财务管理自动化、智能化将不可能实现。随着现代信息技术的发展，企业的经营环境越来越复杂多变，传统财务管理方法已无法满足如今

企业财务战略管理的需求。因此，应以财务战略管理的思想方法为引导，运用信息技术提升和完善企业财务管理的理论与方法，进而使其进入财务战略管理的新阶段。在这样的社会背景下，越来越多的企业开始应用信息技术构建新型财务战略管理框架，以此来挖掘发展潜力，创造新的价值①。

2019年，国家电网公司成立了大数据中心。一方面，这是国家电网公司为贯彻国家信息化战略部署，增强发展动能，推动企业转型升级的迫切需要；另一方面，国家电网公司也将加大对现代信息技术的运用，加快实现数字化转型，推动建设数据驱动型发展模式和运作自动化的创新体系，促进运营、管理、服务的全面升级，为加快建设“三型两网”作出更大的贡献。某电力公司也顺应上级战略，积极运用信息技术加强信息化建设，认真研究如何利用现代信息技术完善和提升财务管理的方式和方法，建设财务运作自动化体系，促进财务管理战略的转型升级。

（二）企业财务管理发展的需要

在当今市场经济条件下，财务管理应对资金的需求与统筹、企业对现金流量状况的关注以及现代企业制度等内容进行处理，同时积极参与到企业核心管理工作中，使财务管理不仅仅是企业生产经营的附属职能。另外，财务管理与其他职能战略的联系日益提升，如以企业经营管理的需求为基础，开展资金筹集与投放活动，根据企业投资与融资需求建立有关股份分配政策。因此，无法将企业各类活动单独归纳为财务管理。随着财务管理环境的逐渐复杂，企业要想实现价值管理，就应先对财务管理实施转型，并进一步提升经营环节的价值与潜力，同时对各项工作流程进一步优化，保持企业自身的价值，从而使财务部门逐渐转向注重提升公司价值的管理合作型部门。

随着我国信息技术的快速发展，传统财务管理的内容发生潜移默化的转变，财务分析与统筹工作随着核算工作比例的下降而逐渐增加。由此可知，财务管理已逐渐延伸到预算计划、价值管理等工作领域。因为传统财务理论与已有的财务管理活动相互排斥，所以企业应转变财务管理模式，并开展财务管理模式创新活动，从而为实现财务管理角色定位以及能力提升提供保障。

从企业发展对财务管理需求的角度来说，财务管理应对资源配置、过程管控、信息提供等三个主要职能进行重点强化，在开展经济活动过程中保证财务

---

① 郑帅.信息技术视角下的国有企业财务管理信息化建设研究 [J]. 商情，2023（15）：53-56.

管理充分发挥自身的效用。在开展经济活动之前，企业应通过财务管理对内部资源进行整合，并将市场作为导向，使用预算管理体系科学合理地配置资源，加大调整企业资产、收入与成本费用结构性的力度，以有效支撑业务的发展；在经济活动结束后，企业应使用高质量的财务信息为决策提供有效支撑，最大限度地实现企业经营管理价值。要想使财务管理在此过程中充分发挥效用，就应对财务管理在处理能力以及组织结构上提出变革需求，从而使其预期的效果充分发挥出来。

因此，为有效适应企业实践价值管理的需求，企业财务管理部门应以时代变革为依据，与业务实践相结合，使企业经营与财务管理实现良好的衔接，有效实现经营目标，提升企业经济效益与质量，从而最大限度地发挥企业的价值。

（三）管理者的创新与推进

利用现代信息技术，实现价值多维度输出，建设财务共享机制，这些都是财务管理模式的创新。在持续推进创新时，企业需要先对自身体系建设和组织结构进行优化。想要进行如此变革，离不开企业管理者思维的转变与创新。某电力公司在开展综合服务中心建设工作时，已经发现了较多问题，了解了企业管理者和员工创新的重要性。这些宝贵的经验都将为其财务战略转型提供参考。因此，该公司非常注重企业管理者和员工的创造性，通过开展全面的宣传与培训工作，促使员工形成良好的创新风气，并对有关创新评测指标进行设计，大力支持员工在管理流程中开展创新与优化工作。该公司还开通了创新的沟通途径，保证创新模式可以及时准确地传递到上级领导部门，再由上而下地推行，使所有员工的积极性得到充分的调动。

集约化管理模式是该公司一直坚持的模式，其能够有效提升公司综合实力。该公司财务战略转型的实施得到了财务管理部门的大力支持，从2018年下半年起，其便着力开展全公司范围内的部署、宣传工作，由互联网部门全力提供技术支撑，保障财务战略转型阶段性工作的实施。

二、某电力公司财务战略转型的目标

（一）运用信息技术，推进“三型两网”建设

为顺应时代发展浪潮，抢得信息化经济发展的一席之地，国家电网公司适时作出了战略调整，提出“建设世界一流能源互联网企业”的新时代战略目

标。在该背景下，一方面，应对智能电网进行不断加强与完善，进一步提升电网配置资源能力、智能互动能力以及供电保障能力，抓住能源革命的契机，站稳自身的脚跟；另一方面，应通过创新精神使泛在电力物联网的建设工作得到进一步提升，以有效促进电力系统的运行水平，为电网企业的整体运行效率提供支撑。

某电力公司作为国家电网公司的子公司，为响应国家电网公司的战略调整，配合国家电网公司战略的实施，也作出了一系列的工作部署。其在财务战略转型方面作出了多项改革措施，如大力推行多维精益化管理体系变革；成立大数据部，建设强有力的信息技术支撑体系；将现代信息技术手段深度融入企业的财务管理体系，实现企业财务从会计职能逐渐向管理职能方向过渡。

（二）完善财务集约化，形成价值导向型财务管理体系

某电力公司的财务专业可以分为八大业务职能，分别是预算管理、会计核算、资金管理、财税管理、电价管理、资产产权管理、工程财务管理、稽核评价。这八个方面分别对应该公司各大专业的业务活动。因此，该公司实行财务集约化具有非常重要的意义，可以更加有效地管理和调配人、财、物资源，创建价值导向型的财务管理体系。

《国家电网公司财务集约化管理实施方案》对财务集约化管理工作进行了部署。在该方案中，国家电网公司为跟随社会发展形势提出进一步提升集约化管理工作的战略要求。该公司在开展组织架构变革工作时主要通过集约化、扁平化、专业化发展的方式，使管理模式以及业务流程得到创新与优化，进而保障“三集五大”体系建设工作稳定进行。

在集约化管理攻坚战中建设“三集五大”体系，不仅可以使市县一体化、专业垂直管理模式得到严格执行，还可以对企业业务管理流程进行全面优化，形成价值导向型财务决策体系；可以持续对财务管理模式进行创新，以管理价值为导向，对各大业务流程与财务集约化的协同衔接实施强化，使运营效率、资产质量和经营效益得到全面提升。

（三）培养优秀人才，形成企业竞争力的支撑点

某电力公司开展财务战略转型工作离不开人才的支持，而该公司实际上已具备良好的人才储备，可以有效开展建设和优化工作。

1. 培养经验型人才

为妥善安置人才，该公司采取了一系列的措施，增加其与上级沟通交

流的频率，使其工作思想在一定程度上得到调整，同时开展有关培训工作，为其快速适应新工作内容与工作方式提供保障，针对调整工作地点的情况，及时解决其食宿问题。人才对工作的积极性与创新性在有关措施的保障下得到了充分激发，同时也积累了一定与财务战略转型有关的知识与经验。企业可以将这些工作人员统称为“经验型人才”，可以直接将其投入财务战略转型中。

2. 实施管理人员培训

该公司要对各类管理人员提出的培训体系进行研究，使专业委员会的引领作用得到充分发挥，开展全员培训工作，并对各专业推广工作进行总结与完善。

实现这一目标应以实效为先的原则为基础，并与学习动力圈的研究成果相结合，同时对管理人员实施培养、激励以及考核工作；采用一体化模式与制度，对管理人员培训中出现的问题进行有效解决；与良好发展的咨询机构进行合作，并对培训项目进行研究与策划，结合实际情况，对通用管理能力课程体系进行开发；充分发挥专业委员会的效用，在网络学院各专业中创建配套的与管理有关的课件，将资源提供给线上专业管理人员。

3. 实现学习地图引领新员工培训

该公司要在网络学院中使用各专业生产技能的学习地图，使培训资源建设工作具有一定的针对性，将自主学习的资源路径提供给新进员工，以有效实现各形式培训的管理与考核工作，进而促进对新员工的培养工作。

实现这一目标应以现有学习地图研究成果为主要基础，同时以网络学院平台为媒介，实现在网络学院中有效整合以岗位胜任力以及员工职业发展为主的知识地图；以学习地图为指导，对员工学习活动的计划性、目的性以及有效性进行强化；广泛推广与应用学习地图，连接学习地图、校务系统、人资协同平台，考核与管理新进员工的培训工作；对地图整合引领作用进行利用，促使生产技能培训资源加快体系化建设，有效开展“师带徒”现场培训实施工作，为新员工营造良好的氛围环境，为有效培养与使用新员工打下坚实的基础。

三、某电力公司财务战略转型路径和转型效果

价值管理的核心内容是对企业各经营环节进行价值衡量，通过对价值驱

动因素的评估和分析，挖掘企业中各经营环节的价值增长潜力，消除非增值作业，以提升企业的价值。某电力公司的营业模式特殊，在售商品单一，进行立足于价值管理的财务战略转型，可以充分发挥财务管理对该公司价值提升的作用，开发价值增长的新途径①。

（一）立足价值管理实践，开拓财务战略转型路径

1. 建设财务共享中心，提高资源配置效率

（1）分析评估现状

某电力公司的分析评估是从调研访谈开始，通过调研公司高层、财务体系领导、职能部门及下属公司负责人、关键模块财务管理人员及业务人员，对公司战略因素、企业转型需求、财务组织架构、业务与财务关系、财务管理人员分工以及操作建议等进行沟通与讨论，从而达到全公司范围内财务转型与财务共享服务理念培训与宣贯的目的。

通过分析评估现状，可以总结财务职能调研过程中存在的问题，其主要关系到资金管理、预算管理、财务核算、内部控制、财务分析、专业财务等方面，其中每个模块均包括现状描述、问题的发现与分析、先进经验与实践、初步建议四个方面，能够为后续工作的开展打下坚实的基础。

（2）明确目标改进方案

明确目标改进方案是以有关研究人员在分析评估中的建议为先决条件，对财务组织架构的设计与相应的职能提出要求，依据财务共享的特点，独立运作财务核算的内容。其主要目的是对共享的资源进行利用，达到集中处理重复交易核算的目的，使财务核算流程与财务核算效率得到有效提升，进而扩大自身经济规模的优势。与此同时，将分工的主线设为会计循环和会计交易处理流程，对其余财务业务进行区分，可以明确财务共享中心业务内容。

（3）财务共享中心建设的实施

在以剥离的核算业务为基础，完善与优化各个共享业务流程，并进一步明确岗位责任人的前提下，最终建设的财务共享中心的组织架构如图6-5所示。

---

① 包志炜．财务软件在企业财务管理信息化中的地位与作用［J］．理财：审计，2023（4）：33-35.

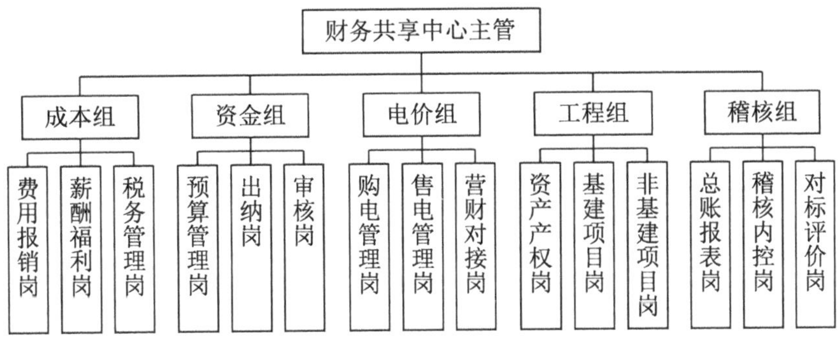

图 6-5 财务共享中心的组织架构

2. 完善信息系统建设，推进财务业务融合

财务战略转型活动的开展应与信息技术相联系，只有这样才可以有效提供该公司财务战略转型所需的信息。信息技术在企业管理中的应用以办公自动化系统和信息网络化管理为主。现阶段，该公司在经营中主要运用ERP管理系统，这是一个综合功能较强大的系统，可以应用在多个方面，但越是运用广泛，就越容易在特定方面不甚精通。随着该公司的发展，ERP管理系统在财务、营销等方面的应用也开始出现力不能及的情况。

为有效推进财务与业务的一体化融合，该公司加大对信息系统的投入与建设，开发财务管理系统来实现对各业务系统的整合；安排专属项目组，开发系统间接口，保障系统间数据的联动性，进而打破信息壁垒；通过有效地实施系统建设，将信息流的处理和联通作为核心内容，有效打通业务与财务间的信息传递通道，消除信息孤岛。

该公司一方面不断利用信息技术完善现有的管理应用系统，另一方面不断加快创新，建设泛在电力物联网，把泛在电力物联网作为公司战略转型的核心，按照“小投入、大产出”的原则，持续夯实基础平台支撑，深化各业务场景的开发运用，推进移动应用整合，赋能电网建设运营，实现各专业数据共建共享、业务协同管控，提高管理运行效率。

3. 施行多维精益化变革，优化会计核算体系

在现代化信息技术背景下，该公司当前的会计核算体系已无法适应和满足新形势下内外部的双重管理与监管要求，所以需要构建一套深度融合现代信息技术、契合自身实际情况的多维度业财信息记录和披露体系。多维精益管理变革以价值创造为目标，充分利用数字化智能工具，对经营活动进行多视角、多

属性数字描述与洞察分析，推动思维方式和经营机制变革的数字化转型创新实践。多维精益管理变革进程如图6-6所示。

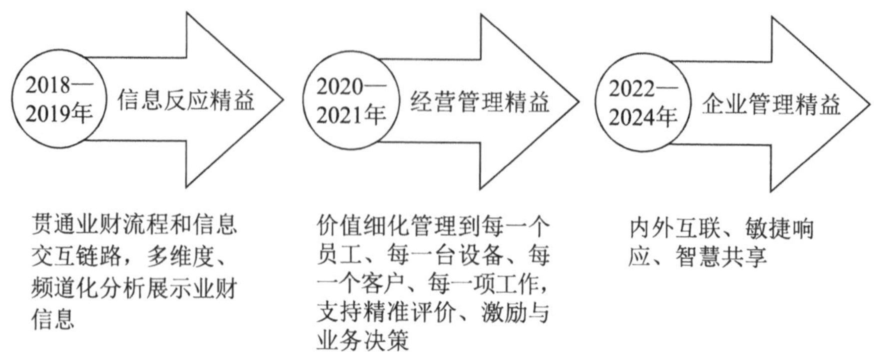

图 6-6　多维精益管理变革进程

结合图6-6的理论分析框架，可发现此次变革是一次自上而下的、强烈的、结构性的变革，表现为国家电网公司顺应数字革命和能源革命融合发展新趋势，提出建设“三型两网”世界一流能源互联网企业的新时代发展战略。基于会计管理化改造、数字化体系搭建和流程在线贯通，价值精益管理覆盖了160万名员工，13万个基层班组，16万个作业，4万亿元电网资产和4亿客户。可以说，多维精益管理改革已覆盖整个国家电网公司，如图6-7所示。

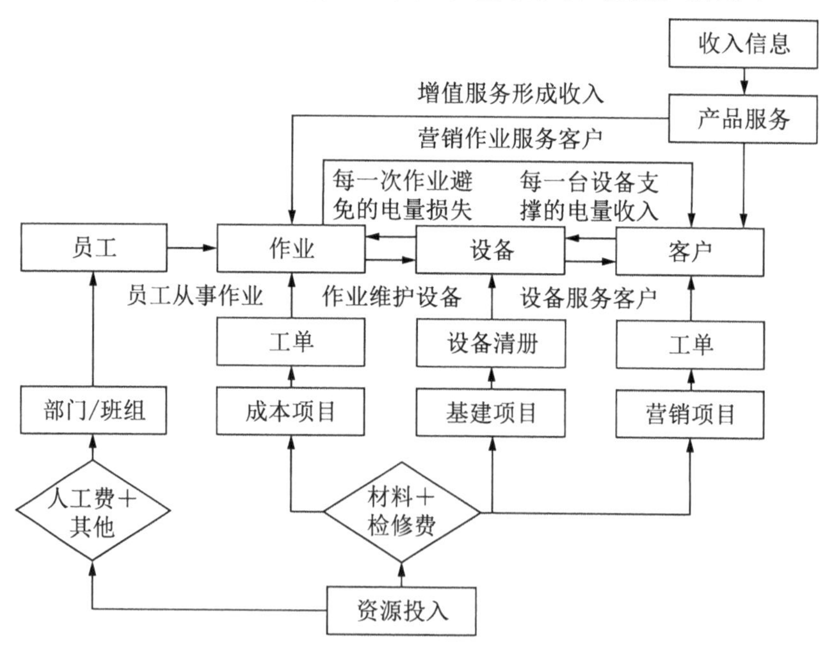

图 6-7　多维精益管理改革覆盖范围

此次改革所取得的转型效果是迅速且充分的。在国家电网公司系统内各单位及财务部门的大力支持下，该公司的多维精益管理改革已取得了阶段性的工作成果。每月末，报表系统能够自动识别ERP管理系统中的账务处理和资产各个逻辑字段的控制信息，成功出具多维管理报表，从业务活动、成本大类、资产电压等级等多个方面反映成本支出及运行维护费用。

4. 部署预算管理体系，加强财务管理能力

从预算管理的角度分析，只有形成完整的预算管理体系，才能保证项目预算管理强度不断提升。预算通常在财务管理部门与前端业务部门的连接中起到重要作用，其包括事先计划、过程控制、事后分析，是实现财务管理转型的重要依据。将预算和企业战略有机融合之后，可以增强预算与企业发展之间的关系，引导企业详细规划发展步骤，帮助企业财务管理实现提升。该公司将全面预算管理作为指导思想，持续深化预算管理，着力优化资源统筹，侧重预算对电网健康、可持续发展等方面的导向作用，分节点加强预算执行的过程管控，并创新建立成本预算回收再安排机制，确保预算规范、有序执行，充分发挥预算对业务活动的管控作用，提升财务与业务的协作能力。

（1）以动态分析为手段，提升预算的过程管控能力

该公司强调将预算与年度经营目标相结合，寻找业绩下降原因，并作出针对性分析，依据问题原因采取相应增供扩销、降低基础运营成本等方式。

（2）运用项目化预算管理方式，实现信息化的全程预算管控

该公司通过系统应用技术与产品的数据处理（Systems Applications and Products in Data Processing，SAP）搭配“全程预算管控工具”，保证对整体项目进度的精确把控，并对数据进行整理分析，通过这样的方式，对项目预算执行情况进行定期分析，从而使整体财务情况简单明了。

（3）将财务预算和业务实际相融合，使财务预算与整体计划相匹配

财务管理部门应主导对预算进行编制，并引导其他部门积极配合，从数据入手，保证业务预算编制科学、直观，使其与业务计划相匹配。在进行责任划分时，要坚持独立性、实效性的原则，防止各个部门在出现问题时互相推脱责任，导致追责难度大的问题。财务管理与前端业务之间属于管控关系，通过财务管理的管控可保证各阶段工作的连续性和完整性。

（4）将各项制度落到实处，考评指标与整体工作业绩相关联

制度能否发挥预期作用与执行力密切相关，因此考核激励制度必须要落到

实处，预算管理的考评指标也需要与整体工作业绩相关联。

5. 强化资金管理体系，提高资金使用效率

以年度预算为“抓手”，在资金预算管理体系中保证月度预算和月度资金使用相融合，使闲置资金能被高效利用，提升整体效益。

（1）将月度预算与月度资金使用量相融合，形成资金预算管理体系

通过月度预算上报—支付事项提报—支付事项审批—付款流程归集这四个阶段的流程管理，可以实现整体资金流入流出的动态平衡，实现有序开支。财务管理部门要依据业务活动实际，科学地制定资金管理运作计划，以全面预算为基础，将年度总预算作为资金项目预算分解的依据，从而明确月度现金预算目标。

（2）将资金支付提报纳入财务管控系统

通过财务管理系统中月度现金流量提报模块的功能约束资金支付，实现线上监控；完善资金支付管理，优化支付功能，通过部门间的协同工作，提升资金支付与月度现金流量预算之间的结合度，使资金支付规范化，从而提高资金支付效率。

（3）实行资金支付“按日排程”，增强业务前端规划能力

该公司将财务管理系统、SAP系统进行联合，将资金支付与预算提报合二为一，由业务部门安排支付进度，增强资金支付和预算完成的准确性。当产生资金支付需求时，业务部门可直接在ERP管理系统中录入支付单据，预排支付时间，在传递到财务管控系统后，自动生产现金流量预算，待财务部门审核原始凭证后，便可完成支付，极大地提高了支付的及时性和准确性。

（4）保证现金预算考核机制的全面性，并与业绩考核体系相关联

具体而言，在每个月对预算执行情况进行汇总通报，保证预算及执行的准确性；按照经营实际，制定月度现金流量预算执行考核方法，由财务部门考核各个业务部门的月度现金流量执行情况，同时收集月度现金预算完成情况并进行评估汇报。在此过程中，如果发现错误或问题，则需要在下月现金预算编制中对相关问题进行重新规划。当某些部门出现月度资金预算收支偏差较大的问题时，需要进行考核兑现。

（5）在资金使用方面要积极探索提高效率的方法

该公司应严格管控资金审批流程，合理地规划各相关岗位职责，使印鉴、票据、网银秘钥以及支付流程均处于规范化管理之中；周期性地检查资金使用

风险点，并对整体自检安全管理执行情况进行记录和反馈；在支付管理、支付审批操作等方面严格执行相关审批流程，使资金流向时刻处于监控之中，保证资金的安全，并及时开展资金往来清理工作，提高整体资金利用率。

（二）财务战略转型效果分析

某电力公司的财务战略转型已经进入深化发展阶段，其内部的财务管理工作内容发生了重大变化，其业务流程、账务处理方式也发生了巨大变化。除此之外，随着财务共享中心建设的实施，其在财务组织架构方面也发生了巨大变化。财务工作内容与工作方式的不断改变极大地提升了财务信息的集成度，改变了单一核算的传统财务管理模式。可以说，该公司在战略转型发展中成功摒弃了旧面貌，实现了新发展。

1. 会计核算管理效果

多维精益化管理的实施，改变了该公司以往的会计核算体系，从顶层设计上完善了财务政策标准体系，提升了财务信息输出质量。多维精益化管理转变了以往粗犷的管理方式，实施精细化管理，覆盖了每一位员工、每一台设备、每一项作业，以资产设备的电压等级、电网作业的业务活动类型、支付业务的费用明细相应地对会计核算数据进行多个维度的拆分统计，使该公司的成本支出更加明晰，会计信息与业务信息管理水平得到提高。

在现代信息技术背景下，财务战略管理实现了会计信息自动制证，使工作效率显著提高。在财务战略转型升级中，该公司的发展、人资、运检、建设、营销、信通、物资等关键业务部门的信息实现了高度集中，对促进企业财务信息核算向前端业务转移意义重大。在本次财务战略转型中，该公司引入了ERP管理系统、财务管理系统、员工报销系统、电力营销系统等多个应用系统，以各个系统平台相互结合，极大地方便了财务管理工作。应用系统的引入与结合，可在线实现存货收发、服务业务确认，使企业员工报销、电费结算的会计信息能够自动生成，自动化效果显著。应用了现代信息技术的某电力公司，其会计凭证集成率达到99%以上，实现了企业信息从业务端到信息报告端的全程监控与实时反馈。

2. 信息系统建设效果

财务战略转型工作的开展，使成本及费用的支出直接从企业业务源头出发，将以前由业务部门拿着单据找财务记账的方式转变为业务部门从该项费用发生的最初就将其录入系统，然后由财务进行审核的模式，努力实现将财务管理工作内容推向业务前端。当成本费用被记入业务系统后，会由业务系统推送至财务ERP管理系统完成账务处理，随后推送财务管控系统完成支付。此外，该公司通过开发信息系统的功能，建设系统间信息传递接口，实现了业务管控一体化，实现了对经济业务的各类事项内容进行全面监督、控制，实现了业务处理方式的规范化、标准化与合理化在业务流程中的应用与渗透。

该公司的信息化系统建设，推动了财务与业务部门间管理系统的融合，改善了财务管理的效果。其最典型的表现便是电网资产的管理，如设备部门使用工程生产管理系统（Power Production Management System，PMS）对设备实物进行管理，财务管理部门运用ERP管理系统对设备价值进行管理。由于电网资产数量多、价值大，而实物管理与价值管理相分离不能时时联动，因此该公司以前的资产管理水平一直处于较差状态。自从该公司实施财务战略转型后，便加快了对信息系统的建设，打通了PMS管理系统和ERP管理系统的接口，使其资产管理水平得以提高。从电力资产购入时起，设备部门就会在PMS管理系统中录入设备台账，然后发起联动流程，传递至ERP管理系统中，由财务部门确认后在账目上形成资产。这使资产设备对应率得到极大改善。该公司通过完善信息系统建设，更好地实现了资产全寿命周期管理。该管理理念是对实物资产进行全方位、系统化、科学化的监督管理，以全局视角统筹优化期初规划、建设设计、采购安装、运行检修、退役处置等主要纵向环节。资产全寿命周期管理是财务战略转型及后续承接工作的重要组成部分，与财务战略转型发展密切相关。

3. 预算管理效果

该公司不断拓展预算工作的广度、深度和细度，建立了全方位网络式沟通，构建了定位明确、分工有序、管控有力的项目预算管理体系，促进了业务与财务的有序衔接。该公司按照国家电网公司下达的预算，细化编制当年预算执行方案，经预算管理委员会审议、决策会议审定后下达，组织各单位将预算细化分解，落实管理责任，进行预算控制；同时，加强预算执行分析，密切跟踪经营形势和电价政策调整情况，开展经营效益动态测算，编制公司预算调整方案。

该公司还开发了项目储备平台，创新实现了成本支出项目化管理、以项目预算来控制的管理模式，强化了成本预算管理，建立了支出预算管控机制，明确了各级单位成本支出需求提报、审核流程，统一了预算内事项实施前审批标准，开展了成本预算管理评价和大额成本稽核，试点应用了成本预算管控平台，从而持续增强了成本管理的精益性和规范性；按照国家电网公司项目储备工作部署，全面参与和推进了项目储备财务评审工作，加强了项目的经济性和合规性论证，深化了项目管理平台应用；按照电网基建“放管服”的工作要求，优化了项目储备、预算发布及调整功能，增强了基层单位工作的自主性；实现了预算管理从管指标到管项目的转变，全面应用了全链条预算管控工具，实现了向项目预算管理的重要转型。

4. 资金管理效果

资金管理体系的应用，使得该公司能够及时把控资金状态，系统分析融资现状与面临形势，全面测算年度融资需求，编报年度融资方案，提交领导层决策。同时，该公司持续拓展融资渠道，积极协调内外部金融机构，努力保障资金供应和电网建设资金需求。

自财务转型战略实施以来，该公司一直按照“先内后外”原则，挖掘资金潜力，减少资金沉淀，优先使用自有资金，有效压降了货币资金余额，盘活了存量资金，减少了融资需求，大幅提高了资金周转效率。

四、某电力公司财务战略转型的优化建议

（一）优化价格管理机制，巩固电价改革成果

1. 认真研究国家政策，争取合理调价方案

某电力公司需认真贯彻落实国家降低一般工商业电价的重要部署，坚持“既要落实国家降低一般工商业目录电价10%的目标，又要保持公司经营持续稳健”的原则，紧密结合当地经济发展实际，研究提出应对策略，争取合理的调价方案，努力实现“落实国家降价目标，维护公司合理利益”双目标。政府虽提出降低一般工商业电价，但也相应地降低了电费附加基金的征收比例。因此，该公司应该认真研究国家各项减税降费政策，可以从税务筹划、政策优惠等渠道争取降价资金来源，优化价格管理机制，争取从其他方面入手来保障自身利益，尽力抵消一般工商业电价带来的压力；严格执行价费政策，动态开展准许收入完成情况分析，有效巩固输配电价改革成果；定期开展电价综合分析，为决策提供支撑。

2. 积极适应输配电价改革及监管新形势

该公司组织研究适应输配电价改革优化经营管理策略，以“建机制、争水

平、优管理”为着力点，争取合理核定新一轮准许收入和输配电价，实现降低用能成本与电网可持续发展协调平衡；组织开展适应性调整，夯实有效资产基础，提前为下一监管期输配电成本监审和价格核定夯实基础；认真组织提供公司成本监审相关资料，保证数据填报质量，做好成本监审现场迎审工作，确保合规资产、成本全部计入输配电价；充分反映电网运营发展实际需要，争取合理定价参数避免准许收入和电价水平出现大幅波动；充分利用清理电费附加收费、下调增值税税率、扩大市场化交易规模等政策、途径，积极完成降低社会用能成本任务。

3. 持续优化价格管理机制

该公司应积极开展增量配电、分布式光伏就近消纳等价格形成机制研究，分析测算本省电价交叉补贴，争取到本省试点方案，明确分布式光伏就近消纳，使“过网费”标准在国家政策的基础上增加交叉补贴，维护公司利益；做好新能源发电、售电公司等市场主体电费结算，推动健全市场场竞价与结算规则，加快电费结算系统建设，更好地发挥价格引导作用；以国家电网公司部署“全国统一电力市场电费结算系统”为契机，全面梳理业务需求，打通调度、营销、交易至财务的数据链路，做好系统部署前适应性培训，提升各单位专业技能；常态化开展营财一体化数据治理，持续提升电价分析数据质量。

（二）以创造和管理价值为核心，推进运营提质增效

价值管理是一种基于价值的财务管理方法，源于企业追逐价值最大化的内生要求，其以规划价值目标为手段、整合各种价值驱动因素和管理技术，梳理管理和业务过程中的创新点，提升企业价值。某电力公司应将价值管理理念融入财务战略转型，以此引导财务管理创新，推进经营降本增效。

1. 完善管控机制，持续强化预算管控

该公司应积极应对电量增长乏力、电价持续降低等挑战，持续深化预算管理；制定、加强和规范支付预算管理的相关办法，规范各级单位成本支出需求提报、审核流程；完善成本预算管控机制，全面梳理成本预算全过程关键控制点，建立成本预算管理评价体系，对支出预算的必要性、可行性、经济性、合规性，严格履行经济研究院（所）、预算管理委员会、决策会议“三级”审核程序；科学研判经营形势，统筹资源配置，为重点工程开工复工、优质供电服务等提供有力支撑；动态监控经营情况，加强预算执行分析，密切跟踪经营形势和电价政策调整情况，及时采取预调预控措施，开展经营效益动态测算，编

制预算调整方案，确保年度经营目标顺利达成。

2. 加强支出管控，提高成本管理水平

该公司应加强成本支出过程管控，督导通报预算执行进度，推进成本开支规范有序；修订完善成本支出的相关制度办法，优化成本储备管控流程，健全成本项目出入库管理机制；精益管控生产运营成本，加强非监管业务成本管控，优先保障安全生产、营商环境、基层供电所等关键、重点成本支出需求，提高投入产出效率；针对符合大额标准的成本支出，开展专项稽核，防范支出风险，持续增强成本管理精益性和规范性。

3. 深化“放管服”改革，推动经营提质增效

该公司应积极应对严峻经营形势，聚焦效率效益主线，统筹当前与长远，以改革创新为动力，以精益运营为导向，以依法合规为底线，转观念、解难题，补短板、勇攻坚，深入开展运营提质增效。该公司可以借助国家“放管服”改革的东风，将“放管服”作为推进经营提质增效的“先手棋”，激发组织活力。深化“放管服”改革，简政放权是第一步。该公司应全面梳理财务业务流程，勇于“做减法”，实施权责“能放就放”，压缩审批事项，简化审核流程；以放促活，提高财务工作效率。以资产报废为例，该公司可将资产处置权力下放至市县公司，如在市县公司管辖范围内的资产，可由市县公司自行决定，对于金额达到一定标准或者跨市、跨省、跨区的整条输电线路等特殊资产的处置，再提交省公司进行审核。

（三）凝聚创新资源，实现信息共建共享

1. 凝聚创新资源，打造数据共享平台

随着科技的不断发展，企业的发展越来越需要大数据的支持。2019年5月，国家电网公司大数据中心落成。它是数据管理的专门机构，是集数据共享、数据服务、数字创新于一体的数据平台，专门负责数据的专业化管理，以此来实现数据资产的统一化运营，全面确保数字资源的有效利用，从而为实现“三型两网，世界一流”的战略目标提供数字化支持。

某电力公司应紧随国家电网公司的脚步，相应成立大数据部，以信息平台的优化为基础，提升财务共享中心的信息传递速度，使信息平台能够快速为各个部门提供所需的重要信息。大数据部应以企业转型升级为导向，全面整合大数据技术的运用，贯彻落实高起点、高标准与高定位，坚持创新与改革，积极进取，确保系统的整体谋划与优良的设计；同时，积极加快数据资源的整合进

程，建立数据壁垒，全面实现数据的汇聚、融合、共享、分发、交易以及高效率应用与增值服务，以此来为企业战略发展提供优质的平台化支撑。

目前，该公司除了在采购、销售、物流、生产方面实现了自动化，还将大量资金投入系统建设，因为要实现系统的高层次性及智能化需要源源不断的资金支持。在完成系统建设后，该公司应积极地对系统的整体功能进行科学的评估，面对问题积极优化，妥善解决。同时，在新旧系统之间应全面地实现数据的整合与传输，并且降低数据匹配的难度，全面实现数据的共享。

2. 深化多维精益管理，强化会计核算功能

多维精益化管理是该公司在会计核算方面的重大转变，它以服务改革发展、促进精益管理为核心，扎实推进会计精益核算和财务报表规范管理，提高业务处理标准化、自动化、智能化水平，实现价值信息共建、共享、共用。该公司应严格执行新会计准则及国家电网公司印发的新会计核算办法，加强对会计信息的宣贯指导，强化会计信息的落实应用，持续提高各单位会计核算能力和规范化水平，实现财务对业务的精准记录，增强会计反映和监督能力。

该公司应在精益管理上下功夫，通过技术进步、工艺改进、管理创新、数据驱动等措施深入挖掘存量资源，提高现有设备和资产的利用效率；深化多维精益管理，推进业务与价值融合，在精细作业上下功夫；向员工强调精益作业，弘扬工匠精神，把严谨细致的理念贯穿生产、建设、运行、财务等各个环节。

3. 加快信息化建设，推进系统整合

近年来，信息技术的发展和应用促进了经营模式的变革。信息技术在财务管理中的运用，赋予了财务管理模式新的生机，加快了信息化建设，优化了财务管理模式，助推了财务战略转型的实现。该公司应聚焦自动与智能，有序开展财务信息系统整合，持续推进业务处理自动化和经营决策智能化，切实减轻基层负担。该公司应借鉴先进行业实践和典型经验，搭建财务流程自动化平台，为财务业务应用提供基础技术支撑；加快财务信息系统优化整合，逐步实现主要财务操作“一个系统”、对接相关业务“一个平台”的模式，彻底打破系统分散的僵局。

（四）优化人员评价体系，建设财务人才队伍

1. 财务共享中心员工培养计划

员工培训在财务战略转型中占有重要地位，因为财务战略转型的每个步骤

都需要员工主动参与，因此员工快速适应并胜任财务战略转型中的工作成为某电力公司需要重点解决的问题。

（1）明确责任

财务战略转型中的各个环节对于该公司的运行具有举足轻重的作用，这些环节是否合理关系到整个公司的业务进展。因此，在责任细分上需要作出系统性规划，并且增加环节前后的检查和复合，从而降低工作强度，提高整体工作效率。

（2）人才培养

该公司的财务共享中心要强化部门内部合作，稳定员工工作，从而打造出一支符合财务共享中心要求的专业化、高素质的团队。

管理者需要在团队内部建立一套稳定公开的员工晋升模式，使每位员工都有晋升的机会，如图6-8所示。

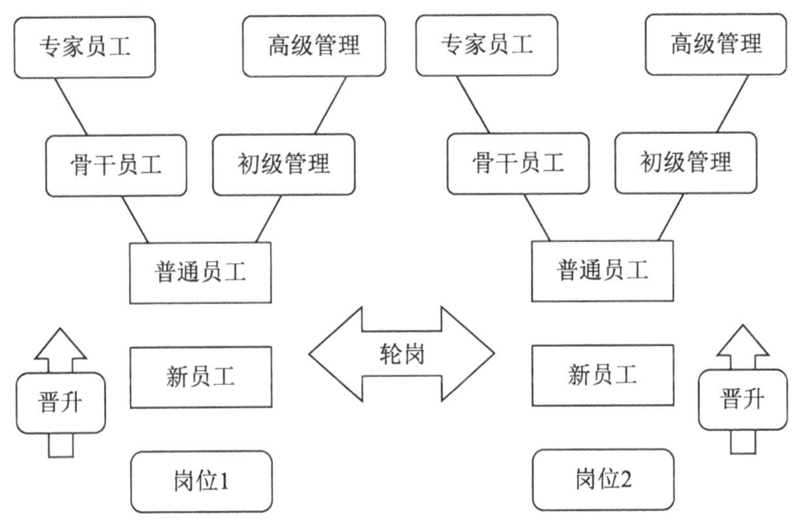

图6-8　晋升体系示意图

该公司要在内部营造和谐发展的气氛，带领团队积极向上，设立团队共同目标，引导员工汇聚思想，提高员工工作效率。部门领导要积极为员工规划出一条合理的晋升线路，吸引员工以更高的热情投入工作。领导层要集中人力资源，在公司内部建立一套系统的人才培训机制，由核心人才带领普通人才共同发展。领导层需要注意及时对员工的技能及专业素质进行培训，并且在培训过程中要遵循标准化和规范化原则。另外，当财务共享中心员工在工作中遇到问题时，部门领导要予以足够的重视，并派出专人进行解答，加深员工对工作的理解，并定期开展业务素质培训，帮助他们提升自身的专业素养，使他们在相关财务工作中能利用专业的知识提高工作效率。

除此之外，该公司要及时了解员工的思想状况，并借鉴吸收员工的相关意见和建议，从而帮助公司在变化的市场环境下得以发展和进步，实现公司和员工的共同发展。

2. 财务共享中心员工绩效设计

财务共享中心的建设是财务战略转型中的创新，要紧跟时代发展的脚步，以积极求变的思路，时刻优化自身工作内容和方式，并且积极顺应环境的变化，提供时效性强的数据。依据该公司的基本情况和特点，应该在组织绩效和人员绩效的基础上建立双重评价体系，从而使财务共享中心科学合理地运行。

（1）组织绩效

该公司的财务共享中心直接归于总部管理，所以在开展内部业绩考核时，要将财务共享中心作为一个单独的部门。在考核过程中，相关人员需要结合财务共享中心的特殊性，在客户满意度、服务投诉、员工离职率等方面进行重点考察。财务共享中心的组织绩效指标见表6-1。

表 6-1　财务共享中心的组织绩效指标

名称	指标	名称	指标
财务维度	单笔业务成本预算比	学习与发展维度	员工培训成功率
	人工成本占中心的总成本率		员工创新观点实施率
	更正不匹配不合规发票金额比例		员工考勤登记率
	本中心处理业务差错率		员工轮岗实施率
	本中心处理业务的及时性		共享服务员流失率
内部流程维度	本中心计划工作完成率	客户维度	客户满意度
	报表的按时达标率		处理问题及时性
	本中心对新业务的响应		业务操作错误率
	凭证保管遗失率		有效投诉数量

①财务维度。该公司建立财务共享服务中心的目的是实现相关经济活动，优化成本结构。因此，在预算完成度上可以明确地反映出财务指标。

②学习与发展维度。要实现员工整体专业素质和相关技能水平的提升，就

需要创新学习与发展维度。只有专业素质得到提升，才能使财务共享中心实现功能性的提升。

③内部流程维度。该公司需要在管理制度上运用科学标准的方式，提升员工的企业文化价值观，使员工能够将企业文化作为自身的动力，积极投身到企业发展中去。

④客户维度。对于该公司来说，必须维持高标准的客户满意率，才能体现服务的价值。只有及时和客户进行沟通，并按照客户需求提供满意的服务，才能长久地稳定客户。

（2）人员绩效

该公司财务共享中心员工的整体专业素质以及专业技能水平关系到这个独立部门的整体效率。在岗位职责分工方面可以确定财务共享中心的主要人员划分情况，通常包含标准化的业务操作人员以及程序化的系统维护升级技术专员。因此，领导层在制定绩效评价标准时，需要依据实际工作内容和工作性质进行差异化评定。进行人员绩效评定的方法有两种：第一种是将工作任务进行量化处理，通过任务量的多少来判断员工的绩效；第二种是从质量角度、创新层面和整体效率上来进行综合判断，如对创新性优化整体系统的信息技术人员，相关领导需要依据创新成果的大小予以奖励。激励制度需要采取多样化的方式进行，实现奖惩结合的激励制度，保证绩效管理向着良好的方向发展。

该公司共享服务中心的人员绩效通常采取KPI方式进行考核。KPI考核制度的应用可以引导员工与企业战略目标相结合。该公司通过系统化的KPI运作方式，明确地反映出员工的整体工作质量和工作效率，另外在指标拟定的过程中要注意选择能够进行量化的指标，从而方便统计。

该公司财务共享中心所掌握的财务数据，通常是由子公司收集相关数据并汇总到总公司后台。通常情况下，企业中有专门人员负责相应的KPI指标统计，如果在统计数据收集过程中出现KPI指标异常的情况，则需要相关人员及时对各个流程和环节进行分析和复核，对与公司业务相冲突的落后指标需要及时剔除，并重新拟定复核公司业务标准的指标，从而保证KPI指标在财务共享服务中心能够发挥积极稳定的标准化作用。

结合该公司的KPI考核管理和相关财务管理人员的KPI，人员绩效评价指标见表6-2。

表 6-2 人员绩效评价指标

岗位名称	KPI	计算方法
财务共享中心经理	员工流动性	年运营成本 / 财务共享中心员工数
	客户对服务的满意度	各个服务公司对共享中心的评价
	业务流程的配置	业务反应、处理时间
	员工流动性	员工流失比率
	员工全勤率	员工实际全勤天数 / 员工要求全勤天数（%）
会计	核算信息及时性	核算信息准时次数 / 总次数
核算主管	核算信息准确性	核算信息正确次数 / 总次数
	会计人员满意度	下属对主管的评价
	报账凭证错误率	出错报账凭证数量 / 总报账凭证数量
	报账信息及时性、完整性	报账单位评估结果
	网上报销审核出错率	网上报销出错数量 / 总报销数量

该公司在财务共享中心中融合KPI考核方式的运作模式下，一旦遇到实际问题，就需要对运营业绩、运营的整体情况进行系统性判断。财务共享中心是一个大型部门，在建设初期缺乏相关专业技能的培训，使部分员工整体业务的熟练度不足，并且在效率上和专业人员有一定的差距。所以要保证初期的工作质量，就需要付出大量的时间来处理基础工作。另外，财务共享中心在流程优化上没有经过实践的检验，因此在应对实际工作时，需要一定的时间来进行适应。

针对上述问题，财务共享中心要注重内部组织的培训制度建设，同时强化对实际工作的业务考核。部门内部需要定期开展技术交流座谈会，让新员工及时熟悉相关工作流程，从而快速解决工作中遇到的问题。当面临较为复杂的问题时，需要具备专业素质的人员进行一对一培训，提升员工的应变能力，使员工的综合素质得以提升，从而让财务共享中心的整体工作效率得到稳步提升。另外，流程考核体系关系到财务共享中心能否实现规范化运作，如果流程考核体系设计得不合理或者缺乏科学依据，就必然会导致财务共享中心的整体运行效率低下，难以完成相关的预定目标。

总体而言，考核结果和绩效奖励相结合是实现绩效管理的主要目标之一，通过这种方式能够激励员工的潜能，提高整体业务水平，从而实现整体素质的提升。考核的目的不仅仅是确定数据，更重要的是发挥激励的作用，从而激发员工的工作积极性。依据企业整体发展形势，绩效考核的结果应用如下。

①与员工的工资薪酬相关联。在培养员工时，要明确“优胜劣汰”的核心思想，从而保证员工素质的稳定提升。经过长时间的“过滤”，可以形成一批综合素质较高的员工，从而增强企业的核心竞争力。如果没有相关竞争制度的影响，员工的工作积极性就会下降，导致人员不断流失，从而使得公司的核心竞争力不断下降。

②与员工的岗位相关联。对员工的考核结果进行汇总分析，可以帮助员工及领导认清目前员工与其所在岗位是否相匹配，从而帮助员工规划自己的职业生涯，并且依据不同情况设计不同的调整方案，实现人员利用率最大化。该公司一定要保证“人尽其才，物尽其用”，让人才能够发挥自身的价值，从而与人才之间形成互相吸引的状态。

③与员工的教育培训相关联。员工学习及培养计划的制定需要参考员工的考核结果，以确定员工自身的综合素质是否满足相关职位的业务发展需求。依据考核结果，可以明确员工在岗位上所面临的问题，同时指出相关解决方案，并确定是否要对员工进行培训。

第三节　电子商务企业财务管理模式创新

一、电子商务企业发展趋势及特征分析

（一）发展趋势分析

自电子商务产生以来，我国电子商务企业如雨后春笋般出现，引领我国经济走向新的增长点。电子商务作为一种新兴的交易方式和商业模式，对产业升级的推动有着不可忽视的作用。在未来，电子商务企业将向两级市场增量及存量空间持续渗透，向上往品质电商渗透，向下往两级年龄、中低教育水平用户群渗透，同时运用大数据精准满足客户需求，使线上线下持续融合、互相导流，在存量空间挖掘用户价值[①]。

近年来，我国移动互联网用户增速逐年放缓，网络获取客户成本逐渐攀升，人口红利逐渐趋于消失，电子商务企业发展空间变窄。考虑到全国快速消

---

① 陈丹华．科技赋能推动制造企业财务管理信息化建设［J］．管理学家，2023（19）：13-15.

费品销售额中线下渠道仍占半数以上，电子商务企业需要向线下转移盈利点。电子商务企业在保持传统品类竞争力的同时，应扩张更多品类以提升网络购物用户整体消费额与消费频次，通过以快速消费为代表的高频品类的导入增强消费者对电子商务企业的黏性，从而带动传统低频品类销量增长。

（二）主要特征分析

电子商务企业与传统企业相比，其优越性是显而易见的。电子商务企业与传统企业的特征对比分析见表6-3。

表 6-3　电子商务企业与传统企业的特征对比分析

对比项	电子商务企业	传统企业
企业类型	①以资金密集型和技术密集型的产业居多，该类型突破对时间空间的依赖，有无可比拟的创新性，企业灵活程度高。 ②多为新产品、新商业模式、新服务的创新型企业，把创新作为企业发展和生存的原动力	较多涉及劳动密集型的产业。这种类型的企业对办公场所、劳动力数量有较高要求
交易特性	①交易虚拟化：突破时间、空间的限制，实现了交易市场网络化、虚拟化、电子化。 ②交易成本低：实行“无纸交易”，买卖双方通过网络进行商业活动，无须中介者参与，不需要交易场地，减少了交易环节和交易成本。 ③交易效率高：减少中间环节，缩短交易时间，克服了传统贸易处理速度不高、交易费用大等问题。 ④交易透明化：交易信息全程线上展示；交易过程实现了随时核查，能有效避免信息伪造	①在交易形式上，多在线下进行现货交易。传统的结算和面对面接触式交易方式增加了成本费用，先付款后拿货或先拿货后付款易出现舞弊和信用问题。 ②在信息传递上，电话、传真、信件、留言等方式耗费了一定成本，大量信息传递受到耽搁，信息中间传递环节多，易延误传输时间，失去最佳商机
融资渠道	主要融资渠道是风险投资，尤其是创业初期的资金来源；通常在创业期末拥有大量资金，因而前期投资和风险投资人乃至“天使投资人”成为电子商务企业创业团队在初期的重要资金来源，其收益率相较于传统制造行业来说更高、更值得投资	主要是以滚雪球的方式慢慢经营，前期多需要具备大量的资金，待发展成熟走上上市之路后通过一级市场进行融资

续　表

对比项	电子商务企业	传统企业
生命周期	生命周期特征并不是很明显，虽然与传统企业一样具有创业期、成长期、成熟期、衰退期，但是相较于传统企业，由于其电子商务特质和风险投资的融入，由过渡期到成长期比传统企业更快，且保持着较长的成熟期，其衰退乃至破产与传统企业相比也显得突然而急促。相关数据显示，通常电子商务企业存活寿命在3～5年	生命周期一般来讲较长，企业从创业期、成长期、成熟期到衰退期之间的过渡有一个漫长的过程，即使企业出现危机也能通过初期资金储备、固定资产等资产变现的方式“垂死挣扎”一段时间，因而其由盛转衰也是一个缓慢的过程
内部机制	①方便性。内部机制较为灵活，能自动处理商务过程，同时能为客户提供完整服务。 ②自营成本较低（采购成本低、库存成本低），使用区域物流	①内部机制僵化，很多都采取一套资源面对两种模式的体制，这也直接加剧了传统企业体制上的冲突。 ②很多企业都拥有一套呆板却又相当成熟的官僚机制，这使其很难应对市场上的种种变局
营销模式	营销流程标准化，对同一品类的商品制定一套相同的系统流程；同时在产品推广和价格上具有一定的优势	在营销方面以人脉和人情关系为赖以生存的基础
信息管理	①高效性。通过对客户访问、交易结果、购物动态和购买形式进行大数据归集，分析客户喜好，从而给企业开发生产提供信息，提高效率，增加企业发展机遇。 ②集成性。信息处理高度统一，具有整体性，将电子信息处理和人工处理集成为一个不可分割的整体，从而规范事务处理的工作流程	①效率低。 ②企业上下级之间存在信息不对称，导致企业内部信息滞后、失真和不完整。 ③由于核算人员的不同以及分工原因，部分数据统计的口径存在差异。 ④信息管理整合程度较低

二、电子商务企业财务管理模式创新分析

（一）电子商务对财务管理的影响

1. 财务管理流程的变化

在电子商务环境下，企业的财务管理流程实现了业务与财务的统一。业务与财务的协同体现如下：一是企业内部的协同，二是企业与其供应商的协同，

三是企业与客户的协同，四是企业与相关部门的协同。会计流程的改善和业务流程的优化，有助于实现物流、信息流和资金流的有效统一，使企业各部门实现信息的相互连接和共享，信息反映滞后、业务与财务缺乏沟通的状况得以从根本上改变，同时与其他企业管理方法的协调与同步，不仅提高了财务管理工作的效率，而且有利于社会资源的优化配置。相比之下，传统财务管理流程的首要特征就是财务与业务剥离，并且财务管理流程比较固定和单一。

2. 财务管理环境的变化

传统财务管理的环境主要是基于财务信息公开披露，相对而言较为封闭。电子商务的飞速发展变化，使财务管理环境变得多样化，不再局限于原来的企业内部共享，而是在大数据背景下实现万物互联、“万数”互联。这时，财务管理不再拘泥于企业内部的管理，而是趋于整个互联网大数据背景下的数据信息整合。企业为适应激烈竞争并在此环境中生存，将随之不断改变财务管理方式。

3. 财务管理研究对象的变化

传统财务管理研究对象主要是企业的资金运动情况。在电子商务环境下，万物互联，企业的经营交易均可在互联网信息平台上进行，企业的经营交易信息、交易流程、财务信息、物流信息、业务信息、保险信息等都可通过互联网进行记录、保存和清晰呈现。因此，财务研究对象不仅包括资金运动，而且包括业务和财务的融合协同管理。在电子商务环境下，企业财务管理研究对象是信息资源和资金运动的集合，但与此同时，由电子商务活动产生的各种交易模式、交易平台、信息管理等使互联网融资投资成为财务管理研究对象的重点。

4. 财务管理内容的变化

在电子商务环境下，知识资本起着重要的主导作用。信息技术、人力资源、软件开发、专利权、商标权等无形资产对经济的迅速增长起着决定性的作用。知识经济时代的到来和发展促使企业经营所处的内外部环境也发生了变化，企业融资范围的扩大使企业面临着更大的财务风险，因此融资管理、投资管理、风险管理等对财务管理而言是大势所趋。

5. 财务管理组织结构的变化

企业传统财务管理模式的组织结构较为分散，而在电子商务环境下，企业能够突破时间和空间的限制，实现集中在线管理，其财务信息系统也能够实现网络化、动态化和跨区域化。企业可以通过财务共享面向分支机构，使财务组织结构趋于集中化，实现集中记账、远程审计，削减了分支机构的职能部门、财务管理人员和财务支出。

（二）传统财务管理模式的类型及其在电子商务企业的不适性

1. 传统财务管理模式的主要类型

根据企业财权配置的不同方式，理论上可以将传统的财务管理模式分为集中式财务管理模式、分权式财务管理模式、混合式财务管理模式。

集中式财务管理模式是指企业的财务决策权高度集中，由总部直接掌控。其特点是财务管理和决策权只有少部分属于子公司而高度集中于母公司。集团集中式财务管理模式将风险监管体系、财务组织运作、信息化平台融合在同一个体系中高度集权管理，其框架如图6-9所示。

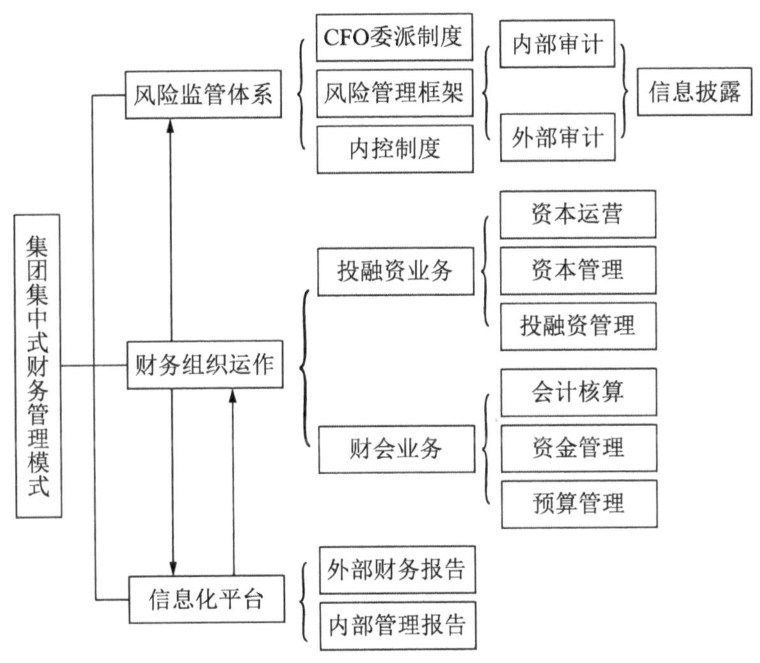

图 6-9　集团集中式财务管理模式框架

分权式财务管理模式指在财务管理、决策和控制过程中按照重要性原则对集团总部、分支机构和子公司事业部进行有效的划分。方向性和战略性问题由集团总部负责。分支机构和子公司在财务人员选聘和解聘、职工工资奖金福利制度、财务费用开支、资本融入和产出等方面拥有较为充分的决策权，同时可以根据具体情况和市场环境作出相关决策。在管理上，集团总部以间接管理方式为主，而不采用对分支机构与子公司的生产经营活动进行干预的指令性计划的方式进行财务管理。集团分权式财务管理模式框架如图6-10所示。

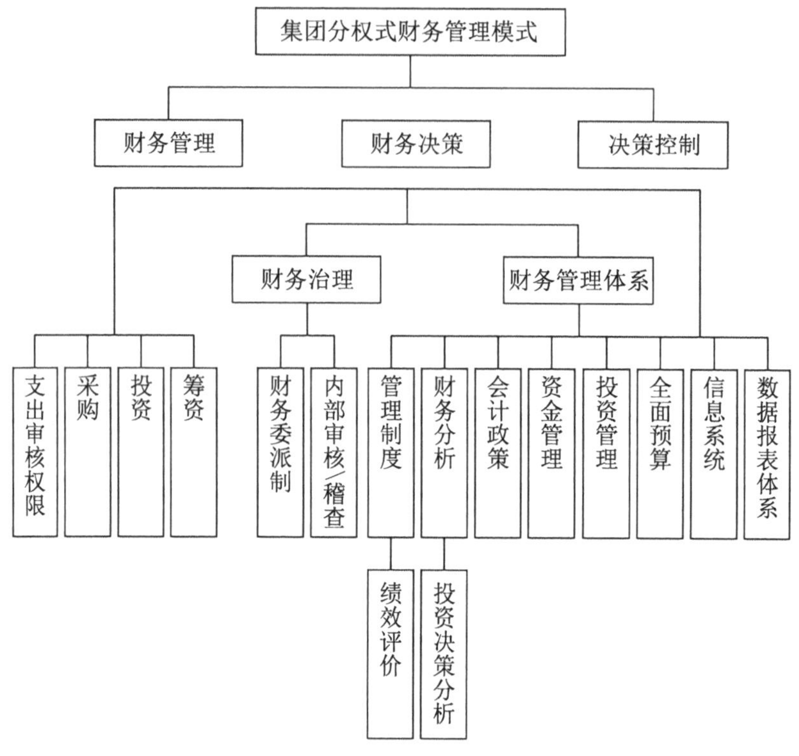

图 6-10 集团分权式财务管理模式框架

混合式财务管理模式是集中型和分权型管理模式的一体化，是二者的高度结合。该种模式较为适合事业部制的企业组织结构。混合式财务管理模式将企业投资、运营、预算、配送、财务等管理融为一体，强调适度集权、合理分权，根据不同行业、服务、产品、位置区等为受众群体不同的事业部授予相应的自主经营权力，但同时要求其承担自主决策、自负盈亏的风险。另外，母公司和集团本部保留重大事项的管理和决策权，包括制定人事任免、薪酬制度及兼并和收购的决定。混合型财务管理模式的内容是构建“九统一分”的财务管控平台，通过该管控平台对企业各方面的资源（如人力、资金、信息等）构成有效整合，从而发挥企业的协同效应。集团混合式财务管控平台如图6-11所示。

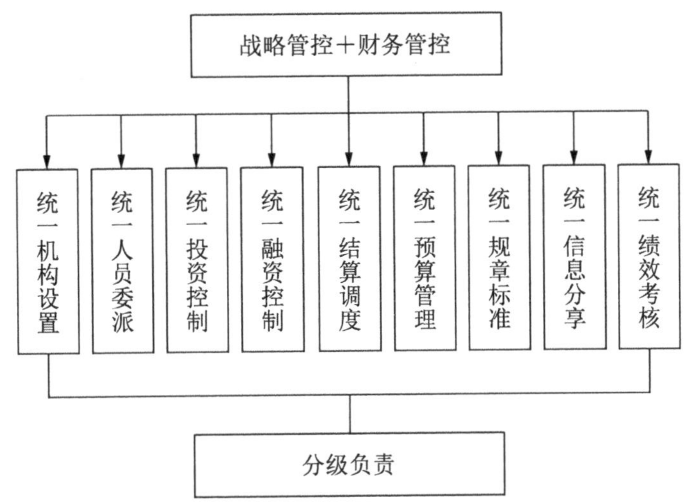

图 6-11 集团混合式财务管控平台

通过以上分析可知，传统的财务管理模式都包含会计信息披露、预算管理、绩效评价和财务组织部门，与其他管理部门和管理流程整体融合形成财务管理模式的整个模块机制，是传统财务管理模式在宏观上的体现形式。另外，传统企业财务管理活动是在集中式、分权式、混合式这三大类型的基础上进行的，对于信息披露、预算管理、资金管理、绩效评价只进行相关流程构建，而将整体活动的财权分配融合在广义的三大财务管理模式中，不进行独立模式构建。

2. 在电子商务企业中的不适性

由于绝大多数大型企业都建立了集权式财务管理模式，因而本书重点以集权式财务管理模式作为传统财务管理模式的范本进行分析。传统企业如制造类企业的财务管理流程呈现出总分式的特征，下属分支机构和子公司在财务管理人员的管理下独立核算其经营活动中产生的会计行为并编制报表，再逐层上报，而后由总部根据各级部门提供的财务报表数据分析企业整体经营状况并编制合并报表。在这种模式下，传统财务管理流程有其自身步骤：①记录人员根据经济业务收集初始数据并记录；②业务部门将收集的原始凭证交给财务管理部门；③各项账务由财务部进行审核、核算，进行复式记账并编制凭证；④登记账簿、编制财务报表并进行整体输出；⑤总部进行审计和财产清查；⑥总部编制合并报表。具体的财务管理流程如图6-12所示。

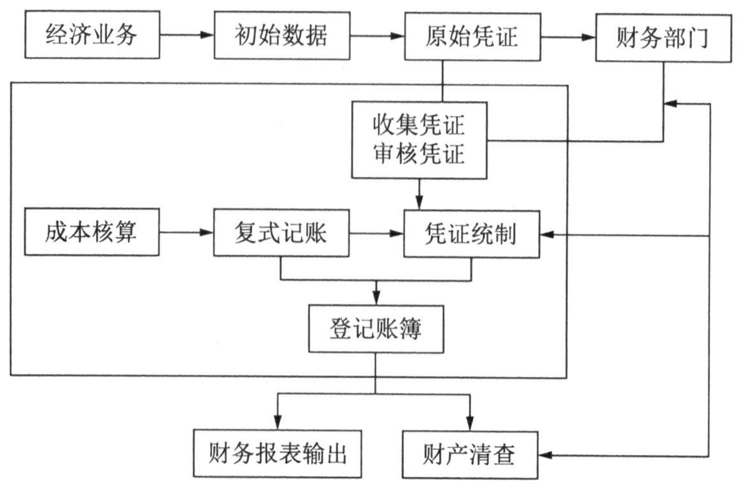

图 6-12　传统财务管理流程

根据图6-12可知传统企业在财务管理流程中有如下缺陷：一是过程比较烦琐，结构比较冗杂；二是仅注重资金流，在信息流和物流方面并未有效反映；三是重复加工数据，降低了财务管理效率，比较不易于反映企业真实的业务状况。

电子商务企业与传统企业在企业类型、生命周期、融资渠道、内部机制、营销模式、信息管理等多方面都有着较大的区别。同时，就以下方面而言，传统财务管理模式并不适合电子商务企业。

首先，集中式财务管理模式比较适合传统制造业的大型企业，因为这类型企业多为劳动密集型企业，其财务管理更偏向集中管理。集中管理比较容易实现资源的优化配置、提高财务管理效率。电子商务企业多为资金密集型企业，对劳动力的需求不高，对资本、信息的管理需求较高，所以传统集中型财务管理模式并不适合电子商务企业。

其次，就运营模式而言，两者运营模式差异巨大，电子商务企业主要以互联网计算机技术为基础，基于线上运营，企业经营全面电子化，对信息反馈的速度和效率、对网站的运营维护等方面要求极高；而实体企业主要基于线下运营，因而其传统的财务管理模式的这种集中管控财务处理信息并审核的模式会导致电子商务企业的运营效率低下，无法进行实时监控，并造成信息不对称的后果。电子商务企业的模式与实体企业的运营模式完全不一样，在这种差异之下，两者分别有适合自身的财务管理模式。

再次，就财务风险角度而言，电子商务企业的财务风险主要体现在融资投资风险上，而传统企业的风险更多体现在应收账款、资金回笼等问题上。相比传统企业，电子商务企业通常都是先付款后发货，应收账款较少。因此，对资本运营、风险投资等问题关注较少的集中型财务管理模式不适合电子商务企业。

最后，就营运资金管理角度而言，相比传统企业，电子商务企业的运营成本较高，尤其在初创期，通常需要大量融资做推广；运营资金主要用于平台建设、财务软件系统建设、流量资费、平台推广等，因而其银行存款也较少，更多的是融资，也因此更多地需要考虑利益相关者的权益。另外，电子商务企业货物运营资金较少，因为建立企业自有物流体系可大大节约物流成本，减少货物营运资金。

总之，为了适应大数据背景下电子商务公司的发展，传统财务管理模式需要进行变革。传统的财务管理模式有诸多劣势，主要表现如下。一是信息数据处理缓慢。传统的财务管理模式在信息处理和收集方面具有一定的滞后性，由于财务处理流程烦琐冗长，无法结合市场发展交易情况及时作出反应，为企业经营者及时提供相关信息，从而无法及时有效地进行风险管理。二是财务管理流程滞后：传统企业主要实行纸质化办公，没有实现电子化，如在线办公、在线支付等，这就决定了其财务管理的流程有一定的滞后性，同时消耗了大量的人力、物力。电子商务企业与传统企业相比，支付方式、交易方式、办公方式均实现电子化，统一在线上进行，资金流、物流和信息流贯穿于财务管理的始终，实现了“三流合一”，拥有传统企业无可比拟的优越性。在这种背景下，为了及时跟进发展态势，提高财务管理效率和信息收集速度，电子商务企业亟须尽量简化其财务组织结构和财务处理流程。另外，电子商务企业注重风险管理、内部控制以及不能忽视可能对企业有各种影响的有效信息，而传统企业则注重资金管理，因而传统财务管理模式的滞后性较难满足电子商务企业的相关需求。三是财务管理效率低下。传统的财务管理中信息处理周期较长，财务流程较为烦琐，会计数据在财务部门和集团部门被层层加工和传递，造成了数据重复加工、信息失真、管理效率低下等问题。另外，传统企业多数并未涉及信息流，其物流、信息流和资金流未实现有效结合，这就导致在主要反映资金流状况的财务数据中，滞后的会计信息无法与物流和信息流实现统一，从而进一步导致了传统财务管理模式效率的低下。

电子商务对财务管理有着较大且多方面的影响，而传统财务管理模式有以上这些劣势与不适性，因此传统财务管理模式已不能被继续沿用，必须及时创新财务管理模式。下面基于电子商务环境对财务管理所产生的相关影响，就电子商务企业相较于传统企业而言财务管理模式的创新之处进行详细分析。

（三）电子商务企业财务管理模式创新点

1. 从广义角度来看

电子商务企业财务管理模式创新点主要表现为两点：一是模式集中动态化创新，二是模式网络化创新。根据电子商务企业的特性，从广义角度可将其财务管理模式分为集中动态式财务管理模式、网络式财务管理模式。

（1）集中动态式财务管理模式

集中动态式财务管理模式是在电子商务平台下，以计算机技术、互联网为基础，通过专业的企业财务管理软件对企业财务信息、经营数据等进行收集、整理，实时采集各项源头数据进行集中管理，将电子商务企业独有的物流、资金流、信息流进行高度共享集中整合，实现“三流合一”的一种全程动态化的全新财务管理模式。集中动态式财务管理模式有效地利用了信息化技术，摆脱了传统财务管理依赖纸质材料、计算机记账的模式，实现了实时集中化处理、实时监督，在很大程度上提高了会计核算的效率，突破了空间和时间的限制，充分发挥了会计信息的作用。集中动态式财务管理模式如图6-13所示。

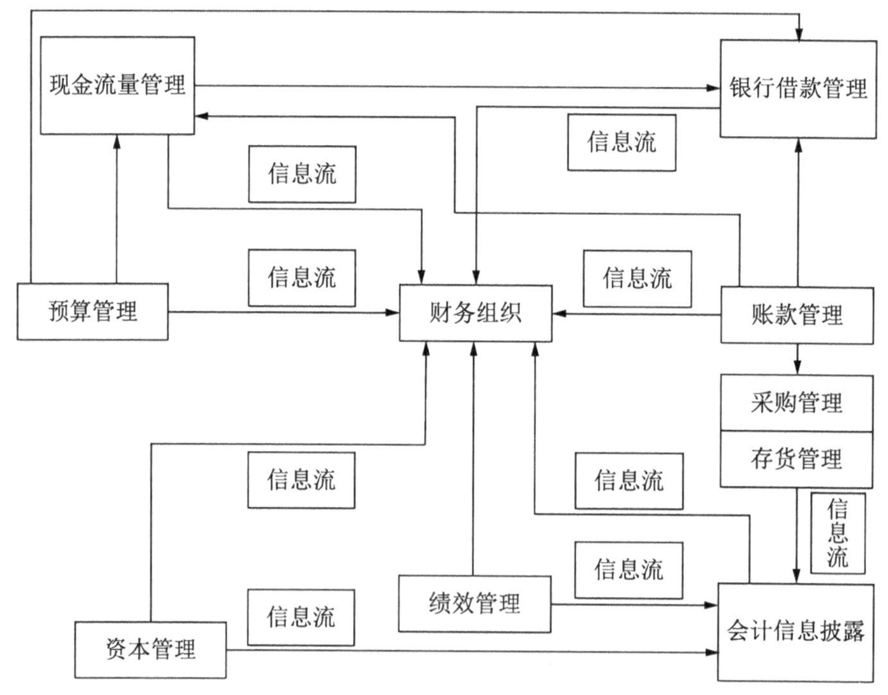

图 6-13　集中动态式财务管理模式

（2）网络式财务管理模式

网络式财务管理模式是在互联网信息技术的基础上，以财务管理为核心，对财务管理和业务管理进行一体化整合，构建的一套可处理电子单据、以电子货币进行结算的可远程操作且会计核算全程网络化的在线财务管理模式。与传统财务管理模式相比，这种新的财务管理模式不再是仅仅以财务会计为一体的模式，而是将构建的会计系统与企业其他各个部门相融合，从而实现财务与业务协同融合的模式。总体来说，该种模式是以信息技术为载体，通过网络手段将企业财务管理从整体上划分为财务预测、财务核算、财务监督和财务分析的现代化电子商务企业财务管理模式。网络式财务管理模式如图6-14所示。

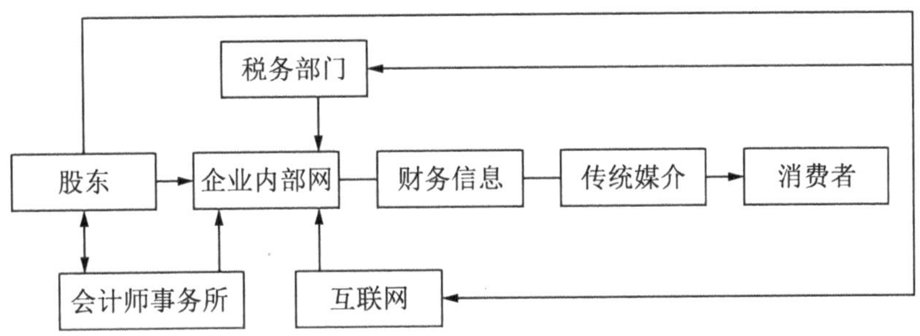

图 6-14　网络式财务管理模式

2. 从狭义角度来看

从狭义的角度来看，电子商务企业财务管理模式的主要创新点表现如下。一是组织机制创新。传统企业财务管理模式只从广义上构建组织机制体系，分为集中式、分权式、混合式三种类型，但电子商务企业则在广义的集中动态式、网络式两种机制体系基础上从狭义角度细化分级为会计信息披露模式、财务组织模式、绩效评价模式、预算管理模式，并将资本管理和财务信息管理这两大传统财务管理工作涉及不多、重视程度不高的活动单独列出来，作为电子商务企业的两个创新模式。传统企业在这些方面只进行流程管理，不进行模式构建。二是具体实施流程创新。从狭义上对电子商务六个财务管理模式实施流程与传统企业相关流程的差异进行对比并指出创新之处。

根据上面的内容可知，电子商务企业和传统企业相比，对会计行为的信息性尤为重视，在大数据背景下，云财务以及财务共享的产生对企业财务信息管理的要求越来越高。另外，电子商务企业以资金密集型企业居多，对融资筹资的需求较旺盛，其通过融资能够对所获得的更好的资本进行合理配置，使其资金的应用效率在一定程度上得以提升。另外，企业需要通过资本市场筹集大量资金进行应用与运作，将筹资利用于投资以期获得新的增长点，进而实现投资收益的更高获取。因此，企业在构建财务管理模式体系中应当遵循功能化原则，具备模块化的先进思想。基于此，在这两种新型财务管理模式的基础上，对电子商务企业的财务管理模式继续进行细化分级，将资本管理和财务信息管理这两大传统财务管理工作涉及不多、重视程度不高的活动单独列出来，作为电子商务企业的两个创新模式，并在后面的分析中主要取其狭义，对狭义上的六大财务管理模式的创新点进行分析，不仅从宏观上归纳了其与传统财务管理模式对比之下的创新之处，还从微观上对具体财务管理流程的创新之处进行了分析。电子商务企业财务管理模式组成部分如图6-15所示。

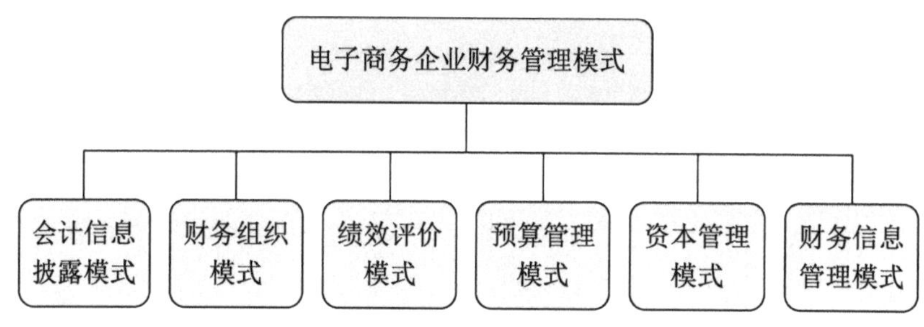

图 6-15　电子商务企业财务管理模式组成部分

根据电子商务企业财务管理模式与传统企业财务管理模式构成的对比分析可知，电子商务企业在传统财务管理的基础上从狭义的角度对其模式进行细化分级和创新，建立了以上电子商务企业独有的六种财务管理模式，本书主要取狭义上的财务管理模式，并对其创新点进行具体分析。

第一，财务组织模式创新点。财务组织模式创新点的主要体现：将财务部独立出来，单独管理，由过去的垂直集中管理、各部门相互连接但分工模糊、重复设置机构、财务组织重合较多，转变为强调组织网络化、财务共享化、组织独立性的组织结构创新；独立设立财务共享中心，从而在根本上实现财务组织模式的创新。

企业财务组织是企业内部人员构成财务工作承担者的组织体系，是实现企业财务目标的一个组织群体，具有特定的职能、一定的组织架构和内部价值取向等特征。企业财务组织还具有动态性特征，即根据企业不同发展阶段、企业内部不同环境变化，同时为适应外部环境变化而进行具体调整。企业财务组织最主要的目标是通过服务于企业组织架构、主营业务、公司战略等，在财务管理工作中实现企业价值和绩效的同时为利益相关者创造价值。企业财务组织的核心是权责分配，强调集权和分权的分配平衡。集权主要指包括收益分配权、投资决定权、人事处置权、筹资选择权、战略决策权、资产运营权等在内的决定权最终在企业最高管理层集中；分权就是在母公司的领导下为促进子公司的发展，大量下放权力，子公司、分支机构、事业部等拥有生产调度权、人事任免权、资源配置权、管理决策权等。这两种组织模式是较为理想化的，较少有企业能达到绝对化集权或分权。构建财务组织模式需要重点关注财务组织功能内部划分和职能分配，同时需要厘清与其他职能部门、各组织部门之间的责任义务关系、权利义务关系、剩余分配权。其中，企业财务组织模式构建和组织架构主要由集权和分权的程度所决定，电子商务企业也不例外。因此，构建电子商务财务组织模式的开端就是企业财务组织权责分配。综上所述，根据电子商务企业的特性，其财务组织模式的权责分配体系分权程度较高，具体如图6-16所示。

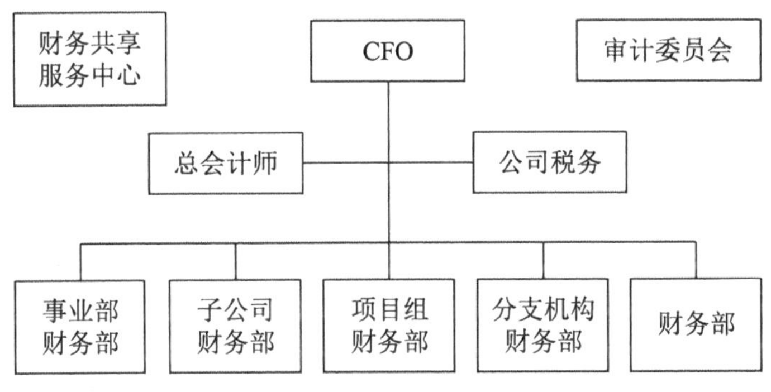

图6-16 电子商务企业财务组织模式

传统企业财务组织模式的特征是集团统一管控，以同一套财务组织模式管理母、子公司，财务部门并未单独设立出来，而是与其他部门融合，分工状态较为模糊。

第二，会计信息披露模式创新点。电子商务企业依然倾向于强制性的会计信息披露，自愿程度不高，其与传统企业大致相同，较为独特的是较多地谈论了电子商务会计信息的公共物品属性，虽有一定的新特征，但创新点不明显。

会计信息披露模式是指采用典型化和抽象化的方法，对一定时期内会计信息披露的内容、动因、特征、方式等状况进行分类，最终在财务信息披露定式和类型上形成代表性模式。会计信息披露模式的基本类型主要有两种，一是强制性披露，二是自愿性披露。

影响会计信息披露的主要因素有三个。一是组织因素。企业在治理过程中重视治理效率，因高效治理效率而产生良好的利好会计信息有利于帮助企业争取更好的资源和优势，因此在这种情况下，企业通常不会放弃披露机会。相反，对于治理结构不完善的企业而言，其实际控制权往往在内部，其因过度集权未能有效改善而治理效率低下。为了掩盖这些事实，企业内部会设法避开会计信息披露。二是企业绩效。对电子商务企业而言，披露良好的企业绩效有利于提高企业形象和商誉，增强投资人对企业的信心，可进一步提高融资水平，吸引潜在合作者和客户。在这种情况下，企业自觉披露会计信息的可能性大大提升。三是股权结构。在电子商务企业中，风险投资占据着较大比重，因而其会计信息披露更加偏向强制性。

第三，预算管理模式创新点。预算管理模式创新点主要体现在实时变化性和不固定性。电子商务企业分权程度相对较高、现金流量较大，因此电子商务企业预算管理模式中较多地融入了薪酬激励机制。

预算管理是指在企业经营活动中以企业战略目标为导向，为确保预算资金规范运行对经济活动进行充分预测和筹划，同时对资金进行的一系列组织、调节、控制、监督活动的总称，其能有效地对实际经营状况与预算目标进行对比分析，从而适时调整和改善经营活动，最大限度地实施企业战略目标，实现企业规划，是财务管理的重要组成部分。

电子商务企业预算管理模式的主要工作职能：以战略目标为指导，充分预测和筹划企业未来经济业务活动，根据实际经营状况和预算管理目标的对比及时调整经营策略，从而实现企业价值最大化，达成企业战略管理目标。基于电子商务企业的预算管理模式两面性的特征，过度宽松的预算政策可能会导致企业各项成本费用的增加，使管理费用也随之增加，容易给企业带来较大压力；过度紧张的预算政策则不利于企业的发展，容易使企业错失发展良机，在执行过程中无法大展拳脚，从而阻碍企业扩张，使企业失去竞争优势。另外，电子商务企业有着较大现金流，如果预算差距跟实际经营状况相去甚远，很容易导致资金链出现问题，给企业造成损失。

电子商务企业有其独特性，生命周期也比传统企业大大缩短，因此电子商务企业通常是根据企业不同发展阶段的实际经营情况和发展状况来决定预算管理模式的，不同于传统企业较为稳定的体系。在电子商务企业成立初期，预算管理的核心通常是资本预算；在电子商务企业的成长期，预算管理的核心是销售预算；在电子商务企业的稳定期，预算管理的核心是成本预算；在电子商务企业的衰退期，预算管理的核心则是现金流量预算。

参考文献

[1]安美琴.大数据背景下企业财务管理信息化建设探究[J].通讯世界，2023，30（2）：196-198.

[2]包志炜.财务软件在企业财务管理信息化中的地位与作用[J].理财：审计，2023（4）：33-35.

[3]卜穆峰.基于云计算的企业财务管理信息化构建研究[J].营销界，2023（15）：29-31.

[4]陈丹华.科技赋能推动制造企业财务管理信息化建设[J].管理学家，2023（19）：13-15.

[5]陈骥.高新技术企业财务管理信息化建设困境及策略研究[J].市场周刊·理论版，2023（17）：5-8.

[6]陈相强.国有企业财务管理信息化问题的探析[J].经济学，2021，4（1）：1-2.

[7]戴建勋.简谈ERP系统在企业财务管理信息化中的运用[J].市场周刊·理论版，2023（26）：1-4.

[8]邓伟.关于企业财务管理信息化建设优化措施的探究[J].经济技术协作信息，2023（3）：196-198.

[9]杜海曦.大数据时代企业财务管理信息化改革探讨[J].中国农业会计，2023，33（18）：45-47.

[10]贺兴星.大数据时代国有企业财务管理信息化建设的措施探讨[J].中国经贸，2023（11）：113-115.

[11]黄振平.大数据时代企业财务管理信息化建设路径探究[J].管理学家，2023（11）：40-42.

[12]李冬梅.数字化时代基于业财融合的企业财务管理信息化建设策略[J].大众文摘，2023

（33）：141-143.
[13]李晶.大数据时代民营企业财务管理信息化的改革探析[J].城市情报，2023（3）：238-240.
[14]李思敏.数字化时代企业财务管理信息化建设的途径探索[J].商讯，2023（13）：29-32.
[15]李先有.业财一体化背景下的企业财务管理信息化建设策略[J].中文科技期刊数据库（全文版）·经济管理，2023（3）：96-99.
[16]刘红芳.大数据时代下物业企业财务管理信息化的探索[J].首席财务官，2023，19（17）：206-208.
[17]刘丽花，肖剑钦.企业财务管理信息化的理论体系与实践应用——评《财务管理信息化（第3版）》[J].商业经济研究，2022（8）：3.
[18]刘仁高.浅议新形势下企业财务管理信息化建设途径[J].大众文摘，2023（22）：100-102.
[19]刘艳艳.企业财务管理信息化建设的路径分析[J].中国物流与采购，2023（11）：99-100.
[20]马宁.新形势下商业企业财务管理信息化风险管控工作探析[J].质量与市场，2023（10）：37-39.
[21]马素洁.价值链视角下集团型旅游企业财务管理信息化问题研究[J].老字号品牌营销，2023（13）：127-129.
[22]马玉珍.关于高新技术制造企业财务管理信息化的改革研究[J].大众商务，2023（3）：159-161.
[23]任霞.探析业财融合背景下建筑施工企业财务管理信息化建设路径[J].财会学习，2023（25）：47-49.
[24]沈睿.企业财务管理信息化风险管控探究[J].中国管理信息化，2023，26（7）：89-92.
[25]石长银.关于制造企业财务管理信息化建设的几点思考[J].商讯，2023（13）：41-44.
[26]孙成华.加快财务管理信息化建设步伐，提高国有企业财务管理水平[J].中国总会计师，2023（2）：154-156.
[27]塔娜，庞海鹰，刘娜.我国集团企业财务管理信息化的问题及对策研究[J].商讯，2020，207（17）：66，68.
[28]田发蕾.餐饮企业财务管理信息化建设探索——评《餐饮企业财务管理》[J].中国油脂，2023，48（2）：57.
[29]屠阳.医药研发企业财务管理信息化管理实践与思考——以Y医药研发企业为例[J].质量与市场，2023（1）：76-78.
[30]万胜平.大数据时代下制造企业财务管理信息化建设策略[J].经济技术协作信息，2023

（7）：64-66.
[31]王嘉.大数据背景下企业财务管理信息化建设问题探讨[J].中国总会计师，2020（5）：94-95.
[32]王晶晶.探析电力企业财务管理信息化现状和策略[J].消费电子，2023（10）：75-77.
[33]王丽娟.浅谈“互联网＋”下物流企业财务管理信息化措施[J].中国物流与采购，2023（6）：69-70.
[34]王林，魏继添，易小波.基于云计算的企业财务管理信息化建设方案的研究[J].信息系统工程，2023（1）：122-124.
[35]王鹏飞.基于共享服务视角的医药企业财务管理信息化策略研究[J].企业改革与管理，2023（10）：122-124.
[36]王秋红.数字化时代企业财务管理信息化建设研究[J].营销界，2023（8）：113-115.
[37]王亚男.ERP系统在饲料企业财务管理信息化中的应用研究[J].中国饲料，2023，1（8）：94-97.
[38]魏蓝，窦艳菊.新形势下烟草企业财务管理信息化建设研究——评《新经济环境下企业财务管理实务研究》[J].科技管理研究，2022，42（11）：18.
[39]文雅.大数据时代企业财务管理信息化模型构建及对策[J].中国科技投资，2023（19）：29-31.
[40]吴李楠.中小民营企业财务管理信息化建设存在的问题及解决策略探析[J].企业改革与管理，2023（12）：137-139.
[41]武涛.煤矿企业财务管理信息化建设[J].经济管理研究，2021，3（6）：101-102.
[42]向静.大数据背景下企业财务管理信息化建设研究[J].纳税，2020（2）：152.
[43]谢世俊.信息技术视角下企业财务管理信息化建设研究[J].财富时代，2020（2）：212.
[44]徐翠红.大数据背景下企业财务管理信息化建设的重点、难点与关键举措[J].中国管理信息化，2023，26（7）：44-47.
[45]杨柯.关于企业财务管理信息化建设的探讨[J].大众商务，2023（3）：138-140.
[46]杨晓莉.制造业企业财务管理信息化的风险分析及有效策略思考[J].时代商家，2022（6）：76-78.
[47]杨阳.企业财务管理信息化下风险管控中的问题及对策分析[J].商情，2023（36）：49-52.
[48]叶丽.刍议大数据时代下商业地产企业财务管理信息化存在的问题及解决方法[J].商讯，2023（16）：49-52.
[49]曾小明.纺织企业财务管理信息化建设与ERP的运用[J].老字号品牌营销，2023（11）：82-84.

[50]曾照明.大数据时代电力企业财务管理信息化建设研究[J].市场周刊·理论版，2023（18）：9-12.

[51]张婷.企业财务管理信息化建设的风险与管控分析[J].商情，2023（20）：21-24.

[52]赵金戈.企业财务管理信息化风险管控评估及控制探析[J].现代营销（上旬刊），2023（3）：89-91.

[53]赵坤.电力企业财务管理信息化建设现状及其优化措施探讨[J].企业改革与管理，2023（13）：137-139.

[54]郑帅.信息技术视角下的国有企业财务管理信息化建设研究[J].商情，2023（15）：53-56.

[55]支军亮.集团企业财务管理信息化风险管控研究[J].商讯，2023（13）：77-80.

[56]朱超凡.中小企业财务管理信息化建设策略分析[J].老字号品牌营销，2023（22）：143-145.